悦读季大家小书院

吕思勉谈读书治学

吕思勉 著

CHISO 新疆青少年出版社

图书在版编目（CIP）数据

吕思勉谈读书治学 / 吕思勉著. –– 乌鲁木齐：新
疆青少年出版社，2023.11
（悦读季大家小书院）
ISBN 978-7-5590-9987-7

Ⅰ.①吕… Ⅱ.①吕… Ⅲ.①读书方法②治学方法
Ⅳ.①G792②G795

中国国家版本馆CIP数据核字（2023）第215287号

悦读季大家小书院

吕思勉谈读书治学
LÜSIMIAN TAN DUSHU ZHIXUE

吕思勉　著

出版发行	新疆青少年出版社有限公司	
社　　址	乌鲁木齐市北京北路29号	
电　　话	0991-6239231（编辑部）	
经　　销	各地新华书店	
印　　刷	三河市金泰源印务有限公司	
法律顾问	王冠华　18699089007	
开　　本	850 mm×1168 mm　1/32	
印　　张	8	
版　　次	2023年11月第1版	
印　　次	2024年5月第1次印刷	
书　　号	ISBN 978-7-5590-9987-7	
定　　价	48.00元	

新疆青少年出版社有限公司官网　http://www.qingshao.net
新疆青少年出版社有限公司天猫旗舰店　http://xjqss.tmall.com

CHISO SINCE 1956 新疆青少年出版社
（版权所有，侵权必究）

目录

一、读书的方法

读书，到底是有益的，还是有害的事？这话是很难说的。

1. 学问在于空间，不在于纸上

要读书，先得要知道书上所说的，就是社会上的什么事实。如其所说的明明是封建时代的民情，你却把来解释资本主义时代的现象；所说的明明是专制时代的治法，你却把来应付民治主义时代的潮流；那就大错了。从古以来，迂儒误国；甚至被人姗笑不懂世事；其根源全在于此。所以读书第一要留心书上所说的话，就是社会的何种事实。这是第一要义。这一着一差，满盘都没有是处了。

2. 精读或略读

知道书上的某种话，就是社会上的某种事实，书就可以读了。那么，用何种方法去读呢？

在《书经》的《洪范》篇上，有"沉潜刚克，高明柔克"两句话。这两句话，是被向来讲身心修养的人，看作天性不同的两种人所走的两条路径的。其实讲研究学问的方法，亦不外乎此。这两种方法：前一种是深入乎一事中，范围较窄，而用力却较深的。后一种则范围较广，而用功却较浅。这两种方法：前一种是造就专家，后一种则养成通才。固然，走哪一条路，由于各人性之所近，然其实是不可偏废的。学问之家，或主精研，或主博涉，不过就其所注重者而言，决不是精研之家，可以蔽聪塞明，于一个窄小的范围以外，一无所知，亦不是博涉之家，一味的贪多务得，而一切不能深入。

3. 治学的程序

从理论上讲：

第一，当先知现在共有几种重要的学问。

第二，每一种学问，该知道他现在的情形是如何？最重要的，有哪部书？

第三，对于各种重要学问，都得知其崖略。

第四，自己专门研究的学问，则更须知道得深一些。

第五，如此者，用功既深，或则对于某种现象，觉得其足资研究，而昔人尚未研究及之，我们便可扩充研究的范围。

又或某种现象，昔人虽已加以分析，然尚嫌其不够细密，我们就可再加分析，划定一更小的范围，以资研究。

又或综合前人的所得，更成立一个较大的范围。

又或于前人所遗漏的加以补充，错误的加以改正。

4. 先精读后略读，再两者并用

如此，就能使新学问成立，或旧学问进步了。然则入手之初，具体的方法，又当如何呢？那亦不外乎刚克、柔克、二者并用。

专门研究的书，是要用沉潜刚克的方法的。先择定一种，作为研究的中心，再选择几种，作为参考之用。"一部书的教师，是最不值钱的"。一部书的学者，亦何莫不然。这不关乎书的好坏。再好的，也不能把一切问题包括无遗的，至少不能同样注重。这因为著者的学识，各有其独到之处，于此有所重，于彼必有所轻。如其各方面皆无所畸轻，则亦各方面皆无所畸重，其书就一无特色了。无特色之书，读之不易有所得。然有特色的书，亦只会注重于一两方面，而读者所要知道，却不是以这一两方面为限的。这是读书所以要用几种书互相参考的理由。这一层亦是最为要紧的。每一种书中，必有若干问题，每一个问题，须有一个答案，这一个答案，就是这一种学问中应该明白的义理。我们必须把他弄清楚，而每一条义理，都不是孤立的，各个问题必定互相关联。把他们联结起来，就又得一种更高的道理，这不但一种学问是如此，把各种学问连结起来，亦是如此，生物学中竞争和互助的作用，物理学生质力不灭的法则，都可以应用到社会科学上，便是一个最浅显的例子。学校的教授，有益于青年，其故安在？那（1）缘其所设立的科目，必系现今较重要的学问；（2）缘其所讲授的，必系一种学问中最重要的部分；（3）而随着学生的进修，又有教师为之辅导，然即无缘入学的青年，苟能留意于学问的门径，并随时向有学问者请益，亦决不是不可以自修的。

基础的科学，我们该用沉潜刚克的法子，此外随时泛滥，务求其所涉者广，以恢廓我们的境界，发抒我们的意气的，则宜用高明柔克的法子。昔人譬喻如用兵时的略地，一过就算了，不求深入。这种涉猎，能使我们的见解，不局于一隅，而不至为窗塞不通之论。这亦是很要紧的。因为近代的专门学者，往往易犯此病。

两途并进，"俛焉日有孳孳"，我想必极有趣味。"日计不足，月计有余"，隔一个时期，反省一番，就觉得功夫不是白用的了。程伊川先生说："不学便老而衰。"世界上哪一种人是没有进步的？只有不学的人。

　　　　　　（原载于1946年6月3日《正言报》读书生活副刊）

二、青年如何为学和做人

1. 青年为学应深通、深入

单说研究学术，似乎太空泛了些，我现在，指出青年研究学术应该注意的两点：

1.1 眼光要放大

大不是空廓不着实际之谓，乃是不拘于一局部，则对于所专治的学问，更能深通，而出此范围以外，亦不至于冥行摘埴。关于这一点，雷海宗先生的话，可谓实获我心（此篇系《大公报》星期论文，题曰《专家与通人》，今据一九三〇年四月八日《中美日报》每周论选节录）。他说：

专家的时髦性，可说是今日学术界的最大流弊。学问分门别类，除因人的精力有限之外，乃是为求研究的便利，并非说各门之间，真有深渊相隔。学问全境，就是对于宇宙人生全境的探讨与追求。各门各科，不过由各种不同的方向和立场，去研究全部的宇宙和人生而已。人生是整个的，支离破碎之后，就不是真正的人生。为研究的便利，不妨分工，若欲求得彻底的智慧，就必须旁通本门以外的智慧。各种自然科学，对于宇宙的分析，也只有方法与立场的不同，对象都是同一的，大自然界，在自然科学发展史上，凡是有划时代的贡献的人，没有一个是死抱一隅之见的。他们是专家，但又超过专家。他们是通人。这一点，总是为今日的专家与希望作专家的人所忽略。

一个科学家，终日在实验室中，与仪器及实验品为伍，此外不知尚有世界，这样一个人，可被社会崇拜为大科学家，但实际并非一个全人，他的精神上的残废，就与足跛耳聋，没有多少分别。再进一步，今日学术的专门化，不限于科。一科之内，往往又分许多细目。例如历史专家，必须为经济史或汉史，甚或某一时代的经济史或汉代某一小段。太专之后，不只对史学以外不感兴味，即对所专以外的部分，也渐疏远，甚至不能了解。此种人本可称为历史专家，但不能算历史家。片断的研究，无论如何重要，对历史真要明了，非注意全局不可。我们时常见到喜欢说话的专家，会发出非常幼稚的议论。他们对于所专的科目，在全部学术中所占的地位，完全不知，所以除所专的范围外，一发言，不是幼稚，就是隔膜。

学术界太专的趋势，与高等教育制度有密切的关系。今日大学各系的课程，为求专精与研究的美名，舍本逐末。基本的课程，不是根本不设，就是敷衍塞责。而外国大学研究院的大部课程，在我国只有本科的大学内，反而都可找到。学生对本门已感应接不暇，当然难以再求旁通。一般学生，因根基太狭，太薄，真正的精通，既谈不到，广泛的博通，又无从求得。结果，各大学只送出一批一批半生不熟的知识青年。既不能作深刻的专门研究，又不能应付复杂的人生。抗战期间，各部门都感到人才的缺乏。我们所缺乏的人才，主要的不在量而在质。雕虫小技的人才，并不算少，但无论作学问或作事业，所需要的，都是眼光远大的人才。

凡人年到三十，人格就已固定，难望再有彻底的变化。要作学问，二十岁前后，是最重要的关键。此时若对学问兴趣，立下广泛的基础，将来工作无论如何专精，也不至于害精神偏枯病。若在大学期间，就造成一个眼光短浅的学究，将来要作由专而博的工夫，其难真如登天。今日各种学术，都过于复杂深奥，无人能再希望做一个活百科全书的亚里士多德。但对一门精通一切，对各门略知梗概，仍是学者的最高理想。

这一篇话可谓句句皆如我之所欲言。以我所见，今日的青年，专埋头于极狭窄的范围中，而此外茫无所知的，正不在少。此其原因：

（1）由于其生性的谨愿，此等人规模本来太狭，不可不亟以人力补其偏。

（2）则由于为现时尊重专家之论所误，读雷君此文，不可不瞿然警醒。

（3）亦由迫于生计，亟思学得一技之长，以谋衣食。然一技之长，亦往往与他科有或深或浅的关系。而人也不该只想谋衣食，而不计及做一个完全的人。而且苟能善于支配，求广博的知识和求专门的知识技能，也并不相碍，而且还有裨益。

所以现在在校的学生，固应于所专的科目以外，更求广博的知识。即无机会受学校教育的青年，亦当勉力务求博览。学问有人指导，固然省力，实无甚不能无师自通的。现在的学生，所以离不开教师，正由其所涉的范围太狭，以致关涉他方面的情形，茫然不解。遂非有人为之讲解不可。亦由其看惯了教科书讲义，要句句看得懂的书，方才能看，肯看，不然就搁起了。如此，天下岂复有可读之书？若其所涉博，则看此书不能懂的，看到别一部书，自然会懂，届时不妨回过来再读这部书，何至于一有不通，全部停顿？须知一章一节，都有先生讲解，在当时自以为懂了，其实还不是真懂的。所以求学的初步，总以博涉为贵，而无师正不必引为大戚，况且现在孤岛上的学校，能支持到几时，根本还不可知呢，难道没有学校，我们就不读书了么？

1.2 治学问要有相当的深入

历史上有一件故事：汉宣帝是好法家之学的，其儿子元帝，却好儒家之学。据《汉书·元帝纪》说：元帝为太子时，"尝侍燕，从容言：陛下恃刑太深，宜用儒生。宣帝作色曰：汉家自有制度，本以霸王道杂之，奈何纯任德教，用周政乎！且俗儒不达时宜，好是古非今，使人眩于名实，不知所守，安足委任？乃叹曰：乱我家者太子也。"后来元帝即位，汉朝的政治，果自此而废弛。这"使人眩于名实，不知所守"十个字，可谓深中儒家之病。儒家崇尚德化，自系指小国寡民，社会无甚矛盾的时代言之。此时所谓政治，即系社会的公务。为人君者所发的命令，诚能行于其下；而其日常生活，亦为人民所共见共闻，如其持躬整饬，自能使在下的人，相当的感动兴起。有许多越轨的事情，在上者果然一本正经，在下者自然不敢做。因为一本正经的在上者，对于在下者的不正经，必经要加以惩治的，而其惩治亦必有效力。举一个实例：吾乡有某乡董，不好赌。当这乡董受任以前，有一群无赖，年年总是要在该乡中开赌的，差不多已成为惯例了。某乡董受任以后，他们依旧前来请求。拒绝他，是要发生很大的纠纷的。某乡董也就答应了。到开赌之期，某乡董却终日坐在赌场上。一班想赌的人，看见他，都望望然去之，这赌场竟无人来，不及期，只得收歇。古之所谓德化者，大约含有此等成分，而俗儒不察事实，以为所谓德化者，乃系一件神秘的事，不论环境如何，也不必有所作为，只须在深宫之中，暗然自修，就不论远迩，都可受其影响了。

还记得中日甲午之战，中国屡战屡败，有两个私塾学生，乘着先生出去，相与研究其原因。甲学生说不上来，乙学生想了俄顷，说道："总还要怪皇帝不好，他为什么不修德呢？"甲学生听了，甚为佩服。这固然是个极端的例，然而从前的迂儒，其见解大概是这样的，至多是程度之差，而不是性质之异。此其受病的根源，即在于不察名实，不管眼前的景象如何，书上的学说背景如何，似懂非懂的读了，就无条件的接受了，以为书上具体的办法，就可施于今日了。

主张复古的人，至于要恢复井田封建，其主要的原因，就在于此。即不泥于事实而务推求原理，也还是要陷于同样的谬误的。因为原理本是归纳事实而得的，不察事实，就不论怎样不合实际的原理，也会无条件加以接受了。

譬如一治一乱，是中国士大夫很普遍的信条，为什么会相信一治一乱，是无可变更的现象；而一盛一衰，遂成为人间世无可弥补的缺陷呢？因为治必须震动恪恭，而他们认人之性是一动一静，紧张之后，必继之以懈弛，因而勤劳之后，必继之以享乐的，而人之所以如此，则实与天道相应，这是从《周易》以来相传下来的观念，可说是中国最高的哲学思想。

其实易家此等见解，乃系归纳自然现象而得，根本不能施之于人事。因为人是活的，自然界是死的。即欲推之于人事，亦只能适用于有机体，而不能适用于超机体。个体是有盛衰生死诸现象的，群体何尝有此？目今论者，往往指某民族为少壮，某民族为衰老，其实所谓衰老，只是一种病象罢了。生命既不会断绝，病就总是要痊愈的。生命既无定限，亦没有所谓盛壮及衰老！然则《周易》的哲学，根本是不能用之于社会现象的。而从前的人，却以为其道无不该，正可以说明人事，正应该据之以应付人事，这就是不察名实之过。因为他们根本没有把《易经》的哲学和社会现象校勘一番，以定其合不合，而先就无条件接受了。

2. 先读科学书，后读古书

读旧书到底是有益的，还是有害的？这个问题，很难得满意的解答。平心论之，自然是有利有害。但对于先后缓急，却不可不审其次序。对于现在的科学，先已知其大概，然后在常识完备的条件下，了解古书，自然是有益的。若其常识不完具，退化了好几世纪，而还自以为是，那就不免要生今反古，与以耳食无异了。所以我劝青年读书，以先读现在的科学书，而古书且置为缓图为顺序。

我所要告青年的话，暂止于此了。古语说：天道五年一小变，三十年为一大变，所以三十年为一世。这也不是什么天道，不过人事相推相荡，达到一定的期间，自然该有一个变化罢了。民国已经三十年了，希望有一种新气象出来，这新气象，我们不希望其表面化，立刻轰轰烈烈，给大家认识，而只望其植根于青年身上，为他日建功立业之基。

3. 论青年的修养和教育问题

事情毕竟是青年做的，还记得我当十余龄时，正是戊戌维新的前后，年少气盛，对于一切事，都是吾欲云云，看得迂拘守旧的老年人，一钱不值了。后来入世渐深，阅历渐多，觉得青年虽然勇锐，却观察多失之浮浅，举动多失之轻率，渐渐不敢赞同。然而从辛亥革命，以至现在，一切事业，毕竟都是青年干出来的。中年以上的人，观察固然较深刻，举动固然较慎重，而其大多数，思想总不免于落伍，只会墨守成规，不肯同情变革，假使全国的人，都像他们的样子，进步不知要迟缓多少？进步一迟缓，环境压迫的力量就更强，现在不知是何现状了？

世间的事物，是无一刻不在变动着的，而人每失之于懒惰，不肯留心观察，懒惰既久，其心思就流于麻木了。外面的情形，业已大变，而吾人还茫然不知，以致应付无一不误。青年的所以可贵，就在他胸无成见，所以对于外界的真相，容易认识，合时的见解，容易接受，虽亦不免错误，而改变也容易。每一时代之中，转旋大局的事情，总是由青年干出来，即由于此。

既如此，青年对于环境，就不可不有真确的认识。如其不然，就和老年人一样了。

朱子说："教学者如扶醉人，扶得东来西又倒。"一人如此，一个社会亦然。任何一种风气，都失之偏重。中国的读书人，向来是迂疏的，不足以应世务，而现在的一切事务，又多非有专门技术不行，因此，遂养成一种重技术而轻学问的风气，多数人认为技术就是学问。

而真正有学问，或从事于学问的人，反而受到人的非笑。其实技术只是依样葫芦，照例应付，外界的情形，已经变动了，而例不可以再照，技术家是不会知道的。譬诸跛盲相助，学问家是跛者，技术家却是盲人，跛人离盲人，固不能行，盲人无跛人，亦将不知所向。而在社会的分工中，做盲人较易，做跛者较难。所以古人重道而轻艺，其见解并没有错。不过后来的所谓道，并不是道，以致以明道自居者，既跛又盲罢了。古人所以分别功狗功人，现代的人之所以重视领袖，亦是为此。

我并不是教个个人都做领袖，亦不是说只有做领袖的人，方才可贵，构成一所大厦，栋梁与砖石，原是各有其用，而其功绩亦相等的。但是做局部工作的人，对于自己所做的事情，也要通知其原理，而不可如机械般，只会做呆板的工作，则该是现代的文化，所以不同于往昔的。然一看现在社会上的情形，则此种新文化，丝毫未有端倪，而偏重技术，造成一种刻板机械的人的风气且更甚，许多青年，就在此中断送了。古人的错误，不在其重道而轻艺，乃在其误解道的性质，以为过于高深，为一般人所不能解，虽教之亦无益，于是不得不赞同"民可使由之，不可使知之"一类的议论了。其实人的能力，蕴藏而未用，或错用之者甚多，普通的原理，绝非普通的人所不能解，愚笨的人所以多，只是教育的缺陷罢了。

这所谓教育，并非指狭义的学校教育，乃指一般社会的风气和制度。且如现在：（1）既有轻学问而重技术，又或误以为技术即学问的见解。（2）而高居人上的人，大都是志得意满的，甚或骄奢淫逸，只有颐指气使之习，更无作育人才之心，所以只爱护会做机械工作的人。"堂上有悬鼓，我欲击之丞卿怒"，倘使对于所做的事情，有深切的了解，因而对于现状有所不满，而要倡议改革，那反会遭到忌妒和斥怒的。（3）又因生计艰难，年青的人，都急求经济上有以自立，而要在经济上谋自立，则技术易而学问难。或且陷于不可能，舆论的是非，其实只是他本身的利害，于是父诏其子，兄勉其弟，以致宗族交游之所以相策励者，无一非谋食之计而已。（4）及其既得之后，有些人遂不免以此自足，不肯深求，到机械工作做惯了之后，就心思渐流于麻木，要图进取而亦有所不能了。久之，遂至对于环境，毫无认识，虽在年富力强之时，亦与耄耋之人无异，此即程子所谓"不学便老而衰"。所以说：现在的社会风气和制度，把许多有为的人葬送了。不但如此，人是离不开趣味的。一个研究学问的人，看似工作艰苦，其实他所做的事情很有趣味，工作即趣味，所以用不到另寻刺激，作机械工作的人，就不然了。终日束缚之驰骋之于勉强不得已之地，闲暇之时，要寻些刺激，以消耗其有余而被压迫着不得宣泄之力，以生心理的要求而论，是很正当的，现代都会之地，淫乐之事必多，即由于此。因为都会就是机械工作聚集之所啊！现代的社会或政治制度，实不可不大加改革，其要点：是（1）无论研究何种学问的人，对于一切学问，都不可不有一个普遍的相当程度的认识，尤其是社会科学。（2）对于其所专治的一门，不可只学技术，而置其原理于不顾。（3）因为如此，所以用人者，不可竭尽其力，当使其仍有余闲，以从事于学问。依我的愚见，不论公务员或其他团体的职员，皆当使其从半日办事，半日求学，办事几年之后，再令其求学几年；其所学，当以更求深造或博涉为主，不可但求技术的熟练，或但加习某种技术。如此，仕与学同时并进，再更迭互进，自然公务员阶级和职员阶级的气象，和现在大不相同。这才是真正的民主教育。凡物散之则觉其少，聚之则觉其多。把现在坐井观天的人，都引而置之井上，使其一见天似穹庐，笼罩四野的景象，社会的情形，自然焕然改观了。无论封建主义或资本主义，所要求于大多数人的，总是安分。这所谓分，并不是其人应止之分，只是统治者所指定的分罢了。这时代所谓安分的人，是受人家的命令而安分的，为什么那一块地方是我的分？为什么我要安于此。他自己是茫然不知道的，此乃迷的安分。依我的说法，则是人人明白了全体，从全体中算出自己的分地来的，可谓之智的安分。惟其如此，才能人人各安其分，而不致有争做领袖的事情，这就是民治主义深根固蒂之道。社会制度，是不易一时改革的，青年在今日环境之中，却不可不思所以自处，因为现在正是解人难索的时代呀！

孔子以知仁勇为三达德，前篇所言，只说得一个知字，人本不该以知字足，而且知和勇，都是从仁中生出来的。所以古人说："若保赤子，心诚求之，虽不中不远矣。"西哲说："妇人弱也，而为母则强。"孔子说："仁者必有勇。"王阳明说："知而不行，只是未知。"就是这个道理。

如其一个人志只在于丰衣足食，大之则骄奢淫逸。试问这个人，会懂得经济学、财政学否？经济学是替社会打算的，财政学是替国家打算的？志在丰衣足食，或骄奢淫逸的人，对于社会国家的问题，如何会发生兴趣呢？如此，经济学财政学所说的，就都是话不投机的了，你如何会读得进去？寻常人总以为人是读了某种书，然后懂得某种道理的，其实人是对于某种道理，先有所懂得，然后对于某种事实，会发生兴趣；然后对于某种书籍，才读得进去的。如其不然，就该同样研究的人，成绩都是同样的了，安有此理？

学问从来没有替个人打算的，总是替公家打算的，替公家打算，就是所谓仁。所以不仁的人，决不能有所成就。你曾见真有学问的人，为自私自利的否？你曾见真有学问的人，而阴险刻薄，凶横霸道的否？这一个问题，世人或亦能悍然应曰：有之。而举某某某某以对。其实此等人并不是真有学问，不过是世俗所捧罢了。世俗所以捧他，则正由世俗之人未知何者谓之学问之故。所以真的学问，和道德决无二致。

德行的厚薄，似乎是生来的，其实不然，古人说舜秉之良，为人所同具，此言决非欺人。其所以或则仅顾一身一家，或则志在治国平天下，全是决之于其所受的教育的。不然，为什么生在私有制度社会中的人，只知利己，生在社会主义社会的人，就想兼利社会呢？我们现在的社会，在原则上，其相视，是如秦人视越人的肥瘠，然而云南南境的猓猡还有保存公产制度的习惯。他们的耕地，是按人数均分的。我们要加入他们的社会，只要能得到他们的允许，他们便立刻把土地重新分配一下，分一分给我们。而且相率替我们造屋，供给我们居住，这较之我们今日的人情，其厚薄为何如？难道是"天之降才尔殊"么？仁不仁属于先天抑后天，可以不待辨而明了。

我们所处的环境，固然不良，然而我们既受到了较良好的教育，断没有人能禁止我们不自择良好的环境。良好的环境安在呢？

还记得清丁酉年（公元 1897 年），梁任公先生，在湖南时务学堂当教员，他教学生一种观法。他说："人谁不怕死？死其实不足为奇，你试闭着眼睛想着：有一个炮弹飞来，把你的身子打得粉碎，又或有利刃直刺你的胸腹，洞穿背脊，鲜血淋漓，此时你的感想如何？你初想时，自然觉得害怕，厌恶，不愿意想。想惯了，也就平淡无奇了。操练能改变观念，久而久之，就使实事来临，也不过如此。"读者诸君，这并不是梁先生骗人的话。明末的金正希先生，和人同游黄山，立于悬崖边缘，脚底只有三分之一在山上，三分之二，却空悬在外，同游者为股栗，先生却处之泰然。问他为什么要弄这狡狯以吓人？他说："这并不是弄狡狯，乃所以练习吾心。"他平时有这种功夫，所以后来守徽州时，临大节而不可夺。读者诸君，这并不是金先生独有的功夫，此项方法，乃自佛教中的观法，承袭变化而来，宋明儒者是看作家常便饭的。所以这一个时代，气节独盛。他们在当时，虽不能挽回危局，似乎无济于事，然其一股刚正之气，直留诒到现代，遗大放其光辉。此所谓"城濮之北，其报在邲"，正如大川之水，伏流千里，迂回曲折，而卒达于海，正不能不谓之成功。

读者诸君！这种议论，你们或还以为迂阔，则请你们看看，现在街头巷尾，饿死冻死的，共有若干人，再请你到贫民窟中去看，他们所过的生活是什么样子？是不是所谓非人生活？你再回到繁华的都报中，看看骄奢淫逸的样子，你心中作何感想？你还觉得这些事快乐否？你虽不看见，你总还能耳闻，现在有些地方，你的同胞，受人欺凌践踏，比奴隶牛马还不如，这些人中，或者有你的亲戚朋友，甚而至于父母兄弟妻子在内，你心中作何感想？佛争一柱香，人争一口气，你觉得我们有求一个扬眉吐气的日子的必要否？还是以在目前你能够颐指气使的地方颐指气使为己足。想到此，不但志在丰衣足食，或者骄奢淫逸，是不成气候，就是有一丝一毫功名之念，亦岂复成其为人？读者诸君，人最怕太忙，把性灵都汨没了，不但驰逐于纷华靡丽之场为不可，就是沉溺于故纸堆中，弄得头昏脑胀，把我们该怎样做人的一个问题，反省的功夫，都忙得没有了，也不是一回事，孟子说得好："虽存乎人者，岂无仁义之心哉？其所以放其良心者，亦犹斧斤于木也，旦旦而伐之，可以为美乎？其日夜之所息，平旦之气，其好恶与人相近几希，则其旦昼之所为，有梏亡之矣，梏之反覆，则其夜气不足以存，夜气不足以存，则其违禽兽也不远矣。"从来非常之才，每出于穷僻瘠苦之乡，而必不生于粉华靡丽之地，就是为此，不可以不猛省啊！

（此篇为作者刊于1940年《青年月刊》第三卷第一期和1941年4月7日《正言报》的两篇文章的合编，标题系编者所加）

三、论读经之法

吾国旧籍，分为经、史、子、集四部，由来已久。而四者之中，集为后起。盖人类之学问，必有其研究之对象。书籍之以记载现象为主者，是为史。就现象加以研求，发明公理者，则为经、子。固无所谓集也。然古代学术，皆专门名家，各不相通。后世则渐不能然。一书也，视为记载现象之史一类固可，视为研求现象，发明公理之经、子一类，亦无不可。论其学术流别，亦往往兼搜并采，不名一家。此等书，在经、史、子三部中，无类可归；乃不得不别立一名，而称之曰"集"。此犹编新书目录者，政治可云政治，法律可云法律，至不专一学之杂志，则无类可归；编旧书目录者，经可曰经，史可曰史，至兼包四部之丛书，则不得不别立丛部云尔。

1. 经、子不同及先经后子

经、子本相同之物，自汉以后，特尊儒学，乃自诸子书中，提出儒家之书，而称之曰经。此等见解，在今日原不必存。然经之与子，亦自有其不同之处。孔子称"述而不作"，其书虽亦发挥己见，顾皆以旧书为蓝本。故在诸家中，儒家之六经，与前此之古书，关系最大。古文家以六经皆周公旧典，孔子特补苴缀拾，固非；今文家之偏者，至谓六经皆孔子手著，前无所承，亦为未是。六经果皆孔子手著，何不明白晓畅，自作一书；而必伪造生民，虚张帝典乎？治之之法，亦遂不能不因之而殊。章太炎所谓"经多陈事实，诸子多明义理；贾、马不能理诸子，郭象、张湛不能治经"是也（《与章行严论墨学第二书》，见《华国月刊》第四期。按此以大较言之，勿泥）。

又学问之光大，不徒视前人之倡导，亦视后人之发挥。儒学专行二千年，治之者多，自然日益光大；又其传书既众，疏注亦详；后学钻研，自较治诸子之书为易。天下本无截然不同之理；训诂名物，尤为百家所同。先明一家之书，其余皆可取证。然则先经后子，固研求古籍之良法矣。

2. 经学变迁

欲治经，必先知历代经学变迁之大势。今案吾国经学，可大别为汉、宋二流。而细别之，则二者之中，又各可分数派。

秦火之后、西汉之初，学问皆由口耳相传，其后乃用当时通行文字，著之竹帛，此后人所称为"今文学"者也。末造乃有自谓得古书为据，而訾今文家所传为阙误者，于是有"古文之学"焉。今文学之初祖，《史记·儒林传》所列，凡有八家：所谓"言《诗》，于齐则辕固生，于燕则韩太傅。言《书》，自济南伏生。言《礼》，自鲁高堂生。言《易》，自菑川田生。言《春秋》，于齐、鲁自胡毋生，于赵自董仲舒"是也。东京立十四博士：《诗》鲁、齐、韩；《书》欧阳、大小夏侯；《礼》大小戴；《易》施、孟、梁丘、京；《春秋》严、颜；皆今文学。古文之学：《诗》有毛氏，《书》有古文《尚书》，《礼》有《周礼》，《易》有费氏，《春秋》有左氏，皆未得立。然东汉末造，古文大盛，而今文之学遂微。盛极必衰，乃又有所谓伪古文者出。伪古文之案，起于王肃。肃盖欲与郑玄争名，乃伪造古书，以为证据。即清儒所力攻之伪古文《尚书》一案是也。汉代今古文之学，本各守专门，不相通假。郑玄出，乃以意去取牵合，尽破其界限。王肃好攻郑，而其不守家法，亦与郑同（二人皆糅杂今古，而皆偏于古）。郑学盛行于汉末；王肃为晋武帝外祖，其学亦颇行于晋初；而两汉专门之学遂亡。

此后经学，乃分二派：一以当时之伪书玄学，羼入其中，如王弼之《易》，伪孔安国之《书》是。一仍笃守汉人所传。如治《礼》之宗郑氏是。其时经师传授之绪既绝，乃相率致力于笺疏。是为南北朝义疏之学。至唐代纂《五经正义》，而集其大成。南北朝经学不同。《北史·儒林传》："其在江左：《周易》则王辅嗣，《尚书》则孔安国，《左传》则杜元凯。其在河洛：《左传》则服子慎，《尚书》《周易》则郑康成。《诗》则并主于毛公，《礼》则同遵于郑氏。"是除《诗》《礼》外，南方所行者，为魏、晋人之学；北方所守者，则东汉之古文学也。然逮南北统一，南学盛而北学微，唐人修《五经正义》，《易》取王，《书》取伪孔，《左》取杜，而服、郑之学又亡。以上所述，虽派别不同，而同导源于汉，可括之于汉学一流者也。

北宋之世，乃异军苍头特起。宋人之治经也，不墨守前人传注，而兼凭一己所主张之义理。其长处，在能廓清摧陷，一扫前人之障翳，而直凑单微。其短处，则妄以今人之意见，测度古人；据后世之情形，议论古事；遂至不合事实。自南宋理宗以后，程、朱之学大行。元延祐科举法，诸经皆采用宋人之书。明初因之。永乐时，又命胡广等修《四书五经大全》。悉取宋、元人成著，抄袭成书。自《大全》出，士不知有汉、唐人之学，并不复读宋、元人之书；而明代士子之空疏，遂于历代为最甚。盖一种学问之末流，恒不免于流荡而忘反。宋学虽未尝教人以空疏，然率其偏重义理之习而行之，其弊必至于此也。物穷则变，而清代之汉学又起。

清儒之讲汉学也，始之以参稽博考，择善而从，尚只可称为汉、宋兼采。其后知凭臆去取，虽极矜慎，终不免于有失，不如专重客观之为当也。于是屏宋而专宗汉，乃成纯粹之汉学。最后汉学之中，又分出宗尚今文一派，与前此崇信贾、马、许、郑者立别。盖清儒意主复古，剥蕉抽茧之势，非至于此不止也。

经学之历史，欲详陈之，数十万言不能尽。以上所云，不过因论读经之法，先提挈其纲领而已。今请进言读经之法。

3. 治经当从汉人之书入

治学之法，忌偏重主观。偏重主观者，一时似惬心贵当，而终不免于差缪。能注重客观则反是。今试设一譬：东门失火，西门闻之，甲、乙、丙、丁，言人人殊。择其最近于情理者信之，则偏重主观之法也。不以己意定其然否，但考其人孰为亲见，孰为传闻。同传闻也：孰亲闻诸失火之家，孰但得诸道路传述。以是定其言之信否。则注重客观之法也。用前法者，说每近情，而其究多误；用后法者，说或远理，而其究多真。累试不爽。大抵时代相近，则思想相同。故前人之言，即与后人同出揣度，亦恒较后人为确。况于师友传述，或出亲闻；遗物未湮，可资目验者乎。此读书之所以重"古据"也。宋人之经学，原亦有其所长；然凭臆相争，是非难定。自此入手，不免失之汗漫。故治经当从汉人之书入。此则治学之法如是，非有所偏好恶也。

4. 治经当分清今古文家数

治汉学者，于今古文家数，必须分清。汉人学问最重师法。各守专门，丝毫不容假借。如《公羊》宣十五年何《注》，述井田之制，与《汉书·食货志》略同。然《汉·志》用《周官》处，《解诂》即一语不采。凡古事传至今日者，率多东鳞西爪之谈。掇拾丛残，往往苦其乱丝无绪；然苟能深知其学术派别，殆无不可整理之成两组者。夫能整理之成两组，则纷然淆乱之说，不啻皆有线索可寻。

今试举一实例。如三皇五帝，向来异说纷如，苟以此法驭之，即可分为今古文两说。三皇之说：以为天皇十二头，地皇十一头，立各一万八千岁；人皇九头，分长九州者，《河图》《三五历》也。以为燧人、伏羲、神农者，《尚书大传》也。以为伏羲、神农、燧人，或曰伏羲、神农、祝融者，《白虎通》也。以为伏羲、女娲、神农者，郑玄也。以为天皇、地皇、泰皇者，始皇议帝号时秦博士之说也。除《纬书》荒怪，别为一说外，《尚书大传》为今文说，郑玄偏重古文。伏生者，秦博士之一。《大传》云："燧人以火纪，阳尊，故托燧皇于天；伏羲以人事纪，故托羲皇于人；神农悉地力，种谷蔬，故托农皇于地。"可见儒家所谓三皇者，义实取于天地人。《大传》与秦博士之说，即一说也。《河图》《三五历》之说，司马贞《补三皇本纪》列为或说；其正说则从郑玄。《补三皇本纪》述女娲氏事云："诸侯有共工氏，与祝融氏战，不胜，而怒。乃头触不周之山，天柱折，地维缺。女娲乃炼五色石以补天"云云。上言祝融，下言女娲，即祝融即女娲。《白虎通》正说从今文，以古文备或说；或古文说为后人窜入也。五帝之说，《史记》《世本》《大戴礼》并以黄帝、颛顼、帝喾、尧、舜当之；郑玄说多一少昊。今案《后汉书·贾逵传》。逵言："五经家皆言颛顼代黄帝，而尧不得为火德。《左氏》以为少昊代黄帝，即图谶所谓帝宣也。如令尧不得为火德，则汉不得为赤。"则《左氏》家增入一少昊，以六人为五帝之情可见矣。《史记》《世本》《大戴礼》，皆今文说，《左氏》古文说也。且有时一说也，主张之者只一二人；又一说也，主张之者乃有多人。似乎证多而强矣。然苟能知其派别，即可知其辗转祖述，仍出一师。不过一造之说，传者较多；一造之说，传者较少耳。凡此等处，亦必能分清家数，乃不至于听荧也。

5. 经学入门书目

近人指示治学门径之书甚多，然多失之浩博。吾今举出经学入门简要之书如下：

皮锡瑞《经学历史》　此书可首读之，以知历代经学变迁大略。

廖平《今古文考》　廖氏晚年著书，颇涉荒怪。早年则不然。分别今古文之法，至廖氏始精确。此书必须次读之。

康有为《新学伪经考》　吾举此书，或疑吾偏信今文，其实不然也。读前人之书，固可以观其事实，而勿泥其议论。此书于重要事实，考辨颇详。皆前列原书，后抒己见。

读之，不啻读一详博之两汉经学史也，此书今颇难得；如能得之者，读廖氏《今古文考》后，可续读之。

《礼记·王制注疏》《周礼注疏》、陈立《白虎通疏证》、陈寿祺《五经异义疏证》今古文同异重要之处，皆在制度。今文家制度，以《王制》为大宗；古文家制度，以《周礼》为总汇。读此二书，于今古文同异，大致已可明白。两种皆须连疏注细看；不可但读疏文，亦不可但看注。《白虎通义》为东京十四博士之说，今文学之结晶也。《五经异义》为许慎所撰，列举今古文异说于前，下加按语，并有郑驳，对照尤为明了。二陈《疏证》，间有误处。以其时今古文之别，尚未大明也。学者既读前列各书，于今古之别，已可了然，亦但观其采摭之博可矣。

此数书日读一小时，速则三月，至迟半年，必可卒业。然后以读其余诸书，即不虑其茫无把握矣。

6. 经、传皆可信

古代史书，传者极少。古事之传于后者，大抵在经、子之中。而古人主客观不甚分明；客观事实，往往夹杂主观为说；甚有全出虚构者，是为寓言（参看后《论读子之法》）。而其学问，率由口耳相传，又不能无讹误，古书之传于今者，又不能无阙佚。是以随举一事，辄异说蜂起，令人如堕五里雾中。治古史之难以此。

苟知古事之茫昧，皆由主客观夹杂使然。即可按其学术流别，将各家学说，分别部居；然后除去其主观成分而观之，即古事之真相可见矣。然则前述分别今古文之法，不徒可施之儒家之今古文，并可施之诸子也。此当于论读子之方法时详之。惟有一端，论读经方法时，仍不得不先述及者，则"既知古代书籍，率多治其学者东鳞西爪之谈，并无有条理系统之作，而又皆出于丛残掇拾之余；则传之与经，信否亦无大分别"是也。

世之尊经过甚者，多执经为孔子手定，一字无讹；传为后学所记，不免有误。故于经传互异者，非执经以正传，即弃传而从经，几视为天经地义。殊不知尼山删定，实在晚年，焉能字字皆由亲笔。即谓其字字皆由亲笔，而孔子与其弟子，亦同时人耳，焉见孔子自执笔为之者，即一字无讹；言出于孔子之口，而弟子记之，抑或推衍师意者，即必不免有误哉。

若谓经难私造，传可妄为，则二者皆汉初先师所传，经可信，传亦可信；传可伪，经亦可伪也。若信今文之学，则经皆汉代先师所传，即有讹阙，后人亦无从知之。若信古文之学，谓今文家所传之经，以别有古经，可资核对，所异惟在文字，是以知其可信；则今文先师，既不伪经，亦必不伪传也。是以汉人引用，经传初不立别。

崔适《春秋复始》，论"汉儒引《公羊》者皆谓之《春秋》；可见当时所谓《春秋》者，实合今之《公羊传》而名之"甚详。余谓不但《春秋》如此，即他经亦如此。《太史公自序》引《易》"失之毫厘，缪以千里"（此二语汉人引者甚多，皆谓之《易》），今其文但见《易纬》。又如《孟子·梁惠王下篇》，载孟子对齐宣王好勇之问曰："《诗》云：王赫斯怒，爰整其旅，以遏徂莒，以笃周祜，以对于天下。此文王之勇也，文王一怒而安天下之民。《书》曰：天降下民，作之君，作之师；惟曰其助上帝，宠之四方，有罪无罪，惟我在，天下曷敢有越厥志。一人衡行于天下，武王耻之。此武王之勇也。而武王亦一怒而安天下之民。""此文王之勇也"，"此武王之勇也"，句法相同；自此以上，皆当为《诗》《书》之辞；然"一人衡行于天下，武王耻之"，实为后人评论之语。孟子所引，盖亦《书传》文也。举此两事，余可类推。

近人过信经而疑传者甚多。予去岁《辨梁任公阴阳五行说之来历》一文，曾力辨之。见《东方杂志》第二十卷第二十册，可以参观。又如《北京大学月刊》一卷三号，载朱君希祖整理中国最古书籍之方法论，谓欲"判别今古文之是非，必取立敌共许之法。古书中无明文。今古文家之传说，一概捐除。惟《易》十二篇，《书》二十九篇，《诗》三百五篇，《礼》十七篇，《春秋》《论语》《孝经》七书，为今古文家所共信。因欲取为判别二家是非之准"。朱君之意，盖欲弃经说而用经文，亦与梁君同蔽。姑无论经传信否，相去不远。即谓经可信，传不可信，而经文有不能解释处，势必仍取一家传说，是仍以此攻彼耳，何立敌共许之有。今古说之相持不决者，固各有经文为据，观许慎之《五经异义》及郑驳可见也。决嫌疑者视诸圣，久为古人之口头禅，岂有明有经文可据，而不知援以自重者哉。大抵古今人之才智，不甚相远。经学之所以聚讼，古事之所以茫昧，自各有其原因。此等疑难，原非必不可以祛除，然必非一朝所能骤决。若有如朱君所云直截了当之法，前此治经之人，岂皆愚骏，无一见及者邪？

7. 治经三法

治经之法，凡有数种：

（1）即以经为一种学问而治之者。此等见解，由昔日尊经过其使然。今已不甚适合。又一经之中，所包甚广，人之性质，各有所宜，长于此者不必长于彼。因治一经而遍及诸学，非徒力所不及；即能勉强从事，亦必不能深造。故此法在今日不甚适用。

（2）则视经为国故，加以整理者。此则各本所学，求其相关者于经，名为治经，实仍是治此科之学，而求其材料于古书耳。此法先须于所治之学，深造有得；再加以整理古书之能，乃克有济。此篇所言，大概为此发也。

（3）又有因欲研究文学，而从事于读经者。其意亦殊可取。盖文学必资言语，而言语今古相承，不知古语，即不知后世言语之根源。故不知最古之书者，于后人文字，亦必不能真解。经固吾国最古之书也。但文学之为物，不重在死法，而贵能领略其美。文学之美，只可直觉；非但徒讲无益，抑亦无从讲起。今姑定一简明之目，以为初学诵习参考之资。盖凡事熟能生巧，治文学者亦不外此。后世文学，根源皆在古书。同一熟诵，诵后世书，固不如诵古书之有益。而欲精研文学，则数十百篇熟诵之文字，固亦决不能无也。

（此篇节录自《经子解题》一书，商务印书馆，1926年初版）

四、论读子之法

　　吾国书籍，分为经、史、子、集四部；而集为后起之物，古代只有经、史、子三者。经、子为发表见解之书，史为记载事物之书，已见前。逮于后世，则子亡而集代兴。集与子之区别：集为一人之著述，其学术初不专于一家；子为一家之学术，其著述亦不由于一人。勉强设譬，则子如今之科学书，一书专讲一种学问；集如今之杂志，一书之中，讲各种学问之作皆有也。

1. 诸子的学术源流

　　子书之精者，讫于西汉。东汉后人作者，即觉浅薄。然西汉子书之精者，仍多祖述先秦之说；则虽谓子书之作，讫于先秦，可也。然远求诸西周以前，则又无所谓子。然则子者，春秋、战国一时代之物也。其故何邪？

　　予谓专家之学兴而子书起，专家之学亡而子书讫。春秋战国，专家之学兴起之时也。前乎此，则浑而未分；后乎此，则又裂而将合。故前此无专家之学，后此亦无专家之学也，请略言之：

诸子之学之起原，旧说有二：

（1）出《汉·志》，谓其原皆出于王官。

（2）出《淮南要略》，谓皆以救时之弊。

予谓二说皆是也。何则？天下无无根之物；使诸子之学，前无所承，周、秦之际，时势虽亟，何能发生如此高深之学术？且何解于诸子之学，各明一义，而其根本仍复相同邪？天下亦无无缘之事，使非周、秦间之时势有以促成之，则古代浑而未分之哲学，何由推衍之于各方面，而成今诸子之学乎？此犹今人好言社会主义，谓其原出于欧洲之马克思等可；谓由机械发明，生财之法大变，国民生计，受外国之侵削，而国内劳动资本阶级，亦有划分之势，因而奋起研究者多，亦无不可也。由前则《汉·志》之说，由后则《淮南》之说也。各举一端，本不相背。胡适之撰《诸子不出于王官论》，极诋《汉·志》之诬，未免一偏矣。

人群浅演之时，宗教哲学，必浑而不分；其后智识日进，哲学乃自宗教中蜕化而出。吾国古代，亦由是也。故古代未分家之哲学，则诸子之学所同本；而未成哲学前之宗教，则又古代不分家之哲学之根源也。必明乎此，然后于诸子之学，能知其源；而后读诸子书，乃有入处。

宇果有际乎？宙果有初乎？此在今日，人人知非人智所逮，哲学家已置诸不论不议之列。然此非古人所知也。今人竞言"宇宙观"、"人生观"，其实二者本是一事。何则？我者，宇宙间之一物；以明乎宇宙之真理，然后我之所以自处者，乃皆得其道矣。故古人之所研究，全在哲学家所谓宇宙论上也。

吾国古代之宇宙论，果如何乎？曰：古之人本诸身以为推。见夫人之生，必由男女之合也，则以为物亦如此；而仰观俯察，适又有苍苍者天，与抟抟者地相对；有日月之代明；有寒暑之迭更；在在足以坚其阴阳二元之思想。于是以为天地之生物，亦如是而已矣。故曰："物本乎天，人本乎祖。"（《礼记·郊特牲》）

然哲学所求之原因，必为"最后"，为"惟一"。求万物之原因，而得阴阳二元，固犹非"一"；非"一"，则非其"最后"者也。然则阴、阳之原，又何物耶？夫谓万物厘然各别，彼此不能相通者，乃至浅之见；不必证以科学，而亦能知其非是者也。人日食菽饮水而后生，又或豢豕为酒以为食。方其未饮食时，菽自菽，水自水，豕自豕，酒自酒，人自人也；及其既饮食之后，则泯然不复见其迹焉。人三日不食则惫，七日不食则死。然则人与动植矿物异乎？不异乎？且也，"众生必死，死必归土。骨肉毙于下，荫为野土；其气发扬于上为昭明，焄蒿凄怆"。（《礼记·祭义》）然则人与天地，是一乎？是二乎？古以天为积气所成。故谓万物厘然各别，彼此不能相假者，至浅之见；稍深思之，而即知其非是者也。此固不待证之以科学也；古之人亦知此也，乃推求万物之本原；乃以为天地万物，皆同一原质所成，乃名此原质曰"气"。

《易大传》曰："精气为物，游魂为变。""精"者，凝集紧密之谓。《公羊》庄公十年："觕者曰侵，精者曰伐。"《注》"觕，粗也；精，犹密也"是也。魂者，人气。盖同一气也，古人又以为有阴阳之分。阳者性动，轻清而上升；阴者性静，重浊而下降。《左》昭七年《疏》引《孝经说》曰："魂，芸也。"芸芸，动也。《广雅·释天》：三气相接，剖判分离；轻清者上为天，重浊者下为地。其在于人，则阳气成神，是曰魂；阴气成形，是曰魄。故魂亦气也。上言气，下言魂，变词耳。"游"者，游散（韩《注》）。构成万有之原质，循一定之律，而凝集紧密焉，则成人所知觉之物，是曰"精气为物"。循一定之律而分离游散焉，则更变化而成他物，是曰"游魂为变"而已矣。此其在人，则为生死。然非独人也，一切物之成毁，莫不如是；即天地亦然。故古人论天地开辟，亦以气之聚散言之。《易正义八论》引《乾凿度》"有太易，有太初，有太始，有太素。太易者，未见气；太初者，气之始；太始者，形之始；太素者，质之始"是也。职是故，古人乃以万物之原质（即气）凝集之疏密，分物质为五类，是为"五行"。五行之序，以微著为渐。《尚书·洪范疏》所谓"水最微为一，火渐著为二，木形实为三，金体固为四，土质大为五"也。益以（1）有形无形，（2）有质无质，（3）同是有质也，而刚柔大小不同，为分类之准；犹今物理学分物为气体、液体、固体也。然则宇宙间一切现象，无所谓有无，亦无所谓生死，只是一气之变化而已。气之变化，无从知其所以然，只可归之于一种动力。然则此种动力，乃宇宙之根源也。故曰："易不可见，乾坤或几乎息"（《易·系辞》）也。

故此种动力，古人视为伟大无伦。《易》曰："大哉乾元；万物资始，乃统天。"《公羊》何《注》曰："春秋以元之气，正天之端。天不深正其元，则不能成其化。"《老子》曰："有物混成，先天地生；寂兮寥兮，独立而不改，周行而不殆；可以为天下母。吾不知其名，字之曰道。"皆指此种动力言之。夫如是，则天地亦遵循自然之律而动作而已；非能贵于我也，更非能宰制我也。大而至于天地，小而至于蚊虻，其为一种自然之质，循自然之律而变化，皆与我同也。故曰："天地与我并生，万物与我为一。"（《庄子》）然则中国古代之哲学，殆近于机械论者也。

此等动力，固无乎不在，是之谓"神"。《易·系辞》曰："神无方而易无体。"盈天地之间皆是，则不能偏指一物为神，故无体。又曰："阴阳不测之谓神。"盈天地之间皆是，自然无论男女雌雄牝牡皆具之，男女雄雌牝牡皆具之，则无复阴阳之可言矣。又曰："惟神也，故不疾而速，不行而至。"又曰："无思也，无为也，寂然不动，感而遂通天下之故；非天下之至神，其孰能与于此？"言其充塞乎宇宙之间，故无从更识其动相。亦指此等动力言之也。此等动力，既无乎不在，则虽谓万物皆有神可也，虽谓物即神可也。故曰："鬼神之为德，其盛矣乎。体物而不可遗。"（《礼记·中庸》）神即物，物即神，则孰能相为役使？故曰"吹万不同，使其自己；咸其自取，怒者其谁"（《庄子·齐物论》）也。然则中国古代之哲学，又可谓之无神论，谓之泛神论也。

此等哲学思想，为百家所同具。至东周以后，乃推衍之于各方面，而成诸子之学焉。盖其时世变日亟，一切现象，皆有留心研究之人。而前此一种哲学，入于人人之心者既深，自不免本之以为推。其源既同，则其流虽异，而仍必有不离其宗者在。此周、秦诸子之学，所以相反而相成也。今试略举数端以明之：

古代哲学，最尊崇自然力。既尊崇自然力，则只有随顺，不能抵抗。故道家最贵"无为"。所谓"无为"者，非无所事事之谓，谓因任自然，不参私意云耳。然则道家之所谓"无为"，即儒家"为高必因丘陵，为下必因川泽"之意；亦即法家"绝圣弃智"，专任度数之意也。

自然之力，无时或息。其在儒家，则因此而得"自强不息"之义焉。其在道家之庄、列一派，则谓"万物相刃相靡，其行如驰"，"一受其成形，不亡以待尽"，因此而得委心任运之义焉。

自然力之运行，古人以为如环无端，周而复始。其在道家，则因此而得"祸福倚伏"之义；故贵"知白守黑，知雄守雌"。其在儒家，则因此而得穷变通久之义，故致谨于治制之因革损益。其在法家，则因此而得"古今异俗，新故异备"之义；而商君等以之主张变法焉。

万物虽殊，然既为同一原质所成，则其本自一。夫若干原质凝集而成物，心有其所以然，是之谓"命"；自物言之则曰"性"。性与生本一字，故告子曰"生之谓性"，而孟子驳之以"白之为白"也。"性命"者，物所受诸自然者也。

自然力之运行，古人以为本有秩序，不相冲突。《礼记·礼运》曰："事大积焉而不苑，并行而不缪，细行而不失；深而通，茂而有间；连而不相及也，动而不相害也。"《中庸》曰："万物并育而不相害，道并行而不相悖。"皆极言天然之有秩序，所谓顺也。人能常守此定律，则天下可以大治；故言治贵"反诸性命之情"，故有"反本"、"正本"之义。儒家言尽性可以尽物，道家言善义生者可以托天下，理实由此。抑《春秋》之义，正次王，王次春；言"王者欲有所为，宜求其端于天"；而法家言形名度数，皆原于道；亦由此也。

万物既出于一，则形色虽殊，原理不异。故老贵"抱一"，孔贵"中庸"。抑宇宙现象，既变动不居，则所谓真理，只有变之一字耳。执一端以为中，将不转瞬而已失其中矣。故贵"抱一"而戒"执一"，贵"得中"而戒"执中"。"抱一"、"守中"，又即"贵虚"、"贵无"之旨也。"抱一"者，抱无一可抱之一。"得中"者，得无中可得之中。

然则一切现象正惟相反，然后相成。故无是非善恶之可言，而"物伦"可齐也。夫道家主因任自然，而法家主整齐划一，似相反矣。然所谓整齐划一者，正欲使天下皆遵守自然之律，而绝去私意；则法家之旨，与道家不相背也。儒家贵仁，而法家贱之。然其言曰："法之为道，前苦而长利；仁之为道，偷乐而后穷。"则其所攻者，乃姑息之爱，非儒家之所谓仁也。儒家重文学，而法家列之五蠹。然其言曰："糟糠不饱者，不务粱肉；短褐不完者，不待文绣。"则亦取救一时之急尔。秦有天下，遂行商君之政而不改，非法家本意也。则法家之与儒家，又不相背也。

举此数端，余可类推。要之古代哲学之根本大义，仍贯通乎诸子之中。有时其言似相反者，则以其所论之事不同，史谈所谓"所从言之者异"耳。故《汉·志》谓其"譬诸水火，相灭亦相生"也。必明乎此，然后能知诸子学术之源；而亦能知诸子以前，古代哲学之真也。

诸子中惟墨家之学为特异。诸家之言，皆似无神论、泛神论，而墨家之言"天志"、"明鬼"，则所谓"天"所谓"鬼"者，皆有喜怒欲恶如人。故诸家之说，皆近机械论，而墨子乃独非命。予按墨子之志，盖以救世，而其道则出于禹。《淮南要略》云："墨子学儒者之业，受孔子之术。以为其礼烦扰而不悦，厚葬靡财而贫民，服（"服"上盖夺"久"字）伤生而害事；故背周道而用夏政。"孙星衍《墨子后叙》，因此推论墨学皆源于禹，其说甚辩。予按古者生计程度其低，通国之内，止有房屋一所，名之曰明堂（说本阮氏元，见《揅经室集·明堂论》）。为一切政令所自出（读惠氏栋《明堂大道录》可见）。《汉·志》云："墨家者流，盖出于清庙之守，茅屋采椽，是以贵俭；养三老五更，是以兼爱；选士大射，是以尚贤；宗祀严父，是以右鬼；顺四时而行，是以非命；以孝视天下，是以尚同。"茅屋采椽，明堂之制也。养三老五更，学校与明堂合也。选士大射，后世行于泮宫；然选士本以助祭，其即在明堂宜也。宗祀严父，清庙明堂合一之制也。顺四时而行，盖《礼记·月令》《吕览·十二纪》《淮南·时则训》所述之制，所谓一切政令，皆出明堂也。明堂既与清庙合，以孝视天下，说自易明。《论语》："子曰：禹，吾无间然矣。菲饮食，而致孝乎鬼神；恶衣服，而致美乎黻冕；卑宫室，而尽力乎沟洫。""致孝乎鬼神"，"致美乎黻冕"，则宗祀严父之说也。卑宫室，则茅屋采椽之谓也。《礼记·礼运》："孔子曰：我欲观夏道，是故之杞；而不足征也，吾得夏时焉。"所谓夏时者，郑《注》以《夏小正》之属当之，而亦不能质言。窃以《月令》诸书所载，实其遗制。夏早于周千余岁，生计程度尚低，政治制度亦简，一切政令皆出明堂，正是其时。周之明堂，即唐、虞之五府，夏之世室，殷之重屋，乃祀五帝之所（《史记·五帝本纪索隐》引《尚书·帝命验》）。五帝者：东方青帝灵威仰，主春生；南方赤帝赤熛怒，主夏长；西方白帝白招拒，主秋成；北方黑帝汁光纪，主冬藏；而中央黄帝含枢纽，则寄王四时；以四时化育，亦须土也。盖以天地万物，同为自然之力所成，乃进化以后之说。其初则诚谓有一天神焉，"申出万物""阴骘下民"；继又本"卑者亲视事"之义，造为所谓五帝，以主四时化育；而昊天上帝耀魄宝，则"居其所而众星拱之"而已。君德之贵无为，其远源盖尚在此。夫学说之变迁，必较制度为速。以孔子之睿智，岂尚不知五行灾变之不足凭；然其删定六经，仍过而存之者，则以其沿袭既久，未可骤废故也。然则夏之遗制，犹存于周之明堂，正不足怪。墨子所取之说，虽与诸家异，又足考见未进化时之哲学矣。墨子救世之志，诚可佩仰。然其学不久即绝，亦未始不由于此。以是时哲学业已大进，而墨子顾欲逆行未进化时之说故也。

2. 读子书之方法

诸子派别：《史记·太史公自序》述其父谈之论，分为阴阳、儒、墨、名、法、道德六家。《汉志·诸子略》，益以纵横家、杂家、农家、小说家为十家，其中去小说家为九流。此外兵家、数术、方技，《汉·志》各自为略，而后世亦入子部。案兵家及方技，其为一家之学，与诸子十家同。数术与阴阳家，尤相为表里。《汉·志》所以析之诸子之外者，以本刘歆《七略》，《七略》所以别之者，以校书者异其人，《七略》固书目，非论学术派别之作也。

十家之中，阴阳家为专门之学，不易晓。

小说家无关宏旨。九流之学，皆出王官，惟小说家则似起民间。《汉·志》所谓"街谈巷议，道听途说者之所造，闾里小知者之所及"也。《庄子·外物篇》："饰小说以干县令，其于大达亦难矣。"《荀子·正名篇》："故知者论道而已矣，小家珍说之所愿皆衰矣。"所谓"饰小说"及"小家珍说"，似即《汉·志》之小说家。盖九流之学，源远流长，而小说则民间有思想，习世故者之所为；当时平民，不讲学术，故虽偶有一得，初不能相与讲明，逐渐改正，以蕲进于高深；亦不能同条共贯，有始有卒，以自成一统系；故其说蒙小之名，而其书乃特多。《汉·志》小说家之《虞初周说》，至九百四十三篇，《百家》至百三十九卷是也。其说固未尝不为诸家所采，如《御览》八百六十八引《风俗通》，谓"城门失火，殃及池鱼"，本出《百家书》是。然徒能为小说家言者，则不能如苏秦之遍说六国，孟子之传食诸侯；但能饰辞以干县令，如后世求仕于郡县者之所为而已。墨家上说之外，更重下教。今《汉·志》小说家有《宋子》十八篇，实治墨学者宋钘所为；盖采小说家言特多也。古之所谓小说家者如此；后世寄情荒怪之作，已非其伦；近世乃以平话尸小说之名，则益违其本矣。

农家亦专门之学，可暂缓。

纵横家鬼谷子系伪书。其真者《战国策》，今已归入史部。

所最要者，则儒、墨、名、法、道及杂家六家而已。

儒家之书，最要者为《孟子》，又《礼记》中存儒家诸子实最多，今皆已入经部。存于子部者惟一《荀子》。此书真伪，予颇疑之。然其议论，固有精者；且颇能通儒法之邮；固仍为极要之书也。

墨家除《墨子》外，更无传书（《晏子春秋》虽略有墨家言，而无甚精义）。

名家《经》及《经说》见《墨子》；其余绪论，散见《庄子》《荀子》及法家书中。

法家《商君书》精义亦少，间有之，实不出《管》《韩》二子之外。

道家又分二派：（1）明"欲取姑与"、"知雄守雌"之术，《老子》为之宗；而法家之《管》《韩》承其流。（2）阐"万物一体"、"乘化待尽"之旨，其说具于《庄子》。《列子》书晚出，较《庄子》明白易解，然其精深，实不逮《庄子》也。

　　而杂家之《吕览》《淮南》，兼综九流，实为子部瑰宝。《淮南王书》虽出西汉，然所纂皆先秦成说，精卓不让先秦诸子也。

　　兵家精义，略具《荀子·议兵》《吕览·孟秋·仲秋》二纪、《淮南·兵略》及《管子》中言兵法诸篇。

　　医经经方，亦专门之学，非急务。

　　然则儒家之《荀》，墨家之《墨》，法家之《管》《韩》，道家之《老》《庄》，杂家之《吕览》《淮南》，实诸子书中最精要者；苟能先熟此八书，则其余子部之书，皆可迎刃而解；而判别其是非真伪，亦昭昭然白黑分矣。

　　读此八书之法：宜先《老》，次《庄》，次《管》《韩》，次《墨》，次《荀》，殿以《吕览》《淮南》。先《老》《庄》者，以道家专言原理，为诸家之学所自出也；次《管》《韩》者，以法家直承道家之流也；次《墨》，以见哲学中之别派也；《荀子》虽隶儒家，然其书晚出，于诸家之学，皆有论难，实兼具杂家之用；以之与《吕览》《淮南》，相次并读，可以综览众家，考见其异同得失也。

读诸子书者，宜留意求其大义。昔时治子者，多注意于名物训诂、典章制度，而于大义顾罕研求。此由当时偏重治经，取以与经相证；此仍治经，非治子也。诸家固亦有知子之大义足贵，从事表彰者。

然读古书，固宜先明名物制度；名物制度既通，而义乃可求。自汉以后，儒学专行，诸子之书，治之者少；非特鲜疏注可凭，抑且乏善本足据，校勘训释，为力已疲。故于大义，遂罕探讨。

善夫章太炎之言曰："治经治子，校勘训诂，特最初门径然。大略言之：经多陈事实，诸子多明义理。校勘训诂而后，不得不各有所主。故贾、马不能理诸子，而郭象、张湛不能治经。"（《与章行严论墨学第二书》，见《华国月刊》第四期）

胡适之亦谓"治古书之法有三：（1）校勘，（2）训诂，（3）贯通。清儒精于校勘训诂，于贯通工夫，尚有未逮。"（见所著《中国哲学史大纲》上卷第一篇）诚知言之选也。

今诸子之要者，经清儒校勘训释之后，近人又多有集解之本，初学披览，已可粗通。若求训释更精，及以其所述制度，互相比较，并与群经所述制度相比较（制度以儒家为详，故以诸子所述制度与经比较尤要）；则非初学所能，故当先求其大义。

诸家大义，有彼此相同者，亦有相异者。相同者无论矣，即相异者，亦仍相反而相成。宜深思而求其会通；然后读诸子书，可谓能得其要。

至于校勘疏解，偶有所得，亦宜随时札记，以备他日之精研。读书尚未终卷，即已下笔千言；诋排先儒，创立异说，此乃时人习气，殊背大器晚成之道，深愿学者勿效之也。凡人著书，有可速成者，有宜晚出者。创立新义，发前人所未发；造端宏大，欲求详密，断非一人之力所能；只可姑引其端，而疏通证明，则望诸异人，或俟诸后日；此可早出者也。此等新义之发明，恒历数百千年而后一见。乃时会为之，非可强求；亦决非人人可得。至于校勘考证之学，正由精详，乃能得闽。必宜随时改订，以求完密；苟为未定之说，不可轻出误人。今人好言著书，而其所谈者，皆校勘考证之事，此则私心期期以为不可者也。

读古书固宜严别真伪，诸子尤甚。秦、汉以后之书，伪者较少，辨别亦较易，古书则不然。古书中之经，治者较多，真伪已大略可睹，子又不然也。然近人辨诸子真伪之术，吾实有不甚敢信者。近人所持之术，大要有二：

（1）据书中事实立论，事有非本人所能言者，即断为伪。如胡适之摘《管子·小称篇》记管仲之死，又言及毛嫱、西施，《立政篇》辟寝兵兼爱之言，为难墨家子论是也。

（2）则就文字立论，如梁任公以《老子》中有偏将军、上将军之名，谓为战国人语（见《学术讲演集》评胡适之《中国哲学史大纲》）；又或以文字体制之古近，而辨其书之真伪是。

予谓二法皆有可采，而亦皆不可专恃。何则？

子为一家之学，与集为一人之书者不同，前已言之。故读子者，不能以其忽作春秋时人语，忽为战国人之言，而疑其书之出于伪造；犹之读集者，不能以其忽祖儒家之言，忽述墨家之论，而疑其文非出于一人。

先秦诸子，大抵不自著书。今其书之存者，大抵治其学者所为，而其纂辑，则更出于后之人。书之亡佚既多；辑其书者，又未必通其学；即谓好治此学；然既无师授，即无从知其书之由来，亦无从正其书之真伪；即有可疑者，亦不得不过而存之矣。不过见讲此类学术之书共有若干，即合而编之，而取此种学派中最有名之人，题之曰某子云耳。然则某子之标题，本不过表明学派之词，不谓书即其人所著；与集部书之标题为某某集者，大不相同。集中记及其人身后之事，及其文词之古近错出，固不足怪。至于诸子书所记事实，多有讹误，此似诚有可疑；然古人学术，多由口耳相传，无有书籍，本易讹误。而其传之也，又重其义而轻其事；如胡适之所摘庄子见鲁哀公，自为必无之事。然古人传此，则但取其足以明义，往见者果为庄子与否，所见者果为鲁哀公与否，皆在所不问。岂惟不问，盖有因往见及所见之人，不如庄子及鲁哀公之著名，而易为庄子与鲁哀公者矣。然此尚实有其事。至如孔子往见盗跖等，则可断并其事而无之。不过作者胸中有此一段议论，乃托之孔子、盗跖耳；此则所谓"寓言"也。此等处若据之以谈史实，自易缪误；然在当时，固人人知为"寓言"。故诸子书中所记事实，乖缪者十有七八，而后人于其书，仍皆信而传之。胡适之概断为当时之人，为求利而伪造；又讥购求者之不能别白；亦未必然也。误之少且小者，后人或不能辨；今诸子书皆罅漏百出，缪误显然，岂有概不能辨之理。设事如此，行文亦然。今所传五千言，设使果出老子，则其书中偏将军、上将军，或本作春秋以前官名，而传者乃以战国时之名易之。此则如今译书者，于书中外国名物，易之以中国名物耳。虽不免失真，固与伪造有别也。

又古人之传一书，有但传其意者，有兼传其词者。兼传其词者，则其学本有口诀可诵，师以是传之徒，徒又以是传之其徒；如今瞽人业算命者，以命理之书口授其徒然。此等可传之千百年，词句仍无大变。但传其意者，则如今教师之讲授，听者但求明其意即止；迨其传之其徒，则出以自己之言；如是三四传后，其说虽古，其词则新矣。故文字气体之古近，亦不能以别其书之古近也，而况于判其真伪乎？

今各家学术，据其自言，皆有所本。说诚未必可信，《淮南子·修务训》已言之。然亦不能绝无关系。如管夷吾究但长于政事，抑兼长于学问，已难质言。即谓长于学问，亦终不似著书之人。然今《管子·戒篇》载流连荒亡之说，实与孟子引晏子之言同（《梁惠王下篇》）；《晏子春秋》亦载之。则此派学术，固出于齐；既出于齐，固不能断其与管仲无关也。《中、小匡篇》所述治制，即或为管仲之遗。其他自谓其学出于神农、黄帝者视此。《孟子》"有为神农之言者许行"，梁任公谓其足为诸子托古之铁证。其意谓许行造作言语，托之神农也。然此语恐非如此解法。《礼记·曲礼下篇》："医不三世，不服其药。"《疏》引又说云："三世者：一曰黄帝针灸；二曰神农本草；三曰素女脉诀，又云夫子脉诀。"然则"神农本草"四字，乃一学科之名。今世所传

《神农本草经》，非谓神农氏所作之《本草经》；乃谓神农本草学之经，犹今言药物学书耳。世多以其有后世郡县名，而訾其书非神农氏之旧，误矣。《月令》：季夏之月，"毋发令以妨神农之事"。此"神农"二字，决不能作神农氏解。然则诸书所引神农之教，如"一男不耕，或受之饥；一女不织，或受之寒"云云，亦非谓神农氏之教，乃谓神农学之说矣。"有为神农之言者"，为当训治，与《汉书·武纪》"丞相绾奏所举贤良方正，或治申、商、韩非、苏秦、张仪之言"，句法相同。《汉·志》论农家者流曰："鄙者为之，以为无所事圣王，欲使君臣并耕。"正许行之说；初非谓其造作言语，托之神农也。夫神农、黄帝、管仲，诚未必如托之者之言；然其为此曹所托，亦必自有其故；此亦考古者所宜究心矣。

要之古书不可轻信，亦不可抹煞。昔人之弊，在信古过甚，不敢轻疑；今人之弊，则又在一概吐弃，而不求其故。楚固失之，齐亦未为得也。

明乎此，则知诸子之年代事迹，虽可知其大略，而亦不容凿求。若更据诸子中之记事以谈古史，则尤易致误矣。盖古书之存于今，而今人据为史料者，约有数种：

（1）史家所记，又可分为四种：《尚书》，一也。《春秋》，二也。《国语》，三也。孔子所修之《春秋》，虽为明义而作，然其原本则为记事之书。《左氏》真伪未定，即真，亦与《国语》同类也。《世系》，四也。此最可信。

（2）私家纪事之作。其较翔实者，如孔门之《论语》；其务恢侈者，则如《管子·大、中、小匡》三篇是也。前者犹可置信，后者则全不足凭矣。古代史家所记之事，诚亦未必尽信。然较诸私家传说，则其谨严荒诞，相去不啻天渊。试取《大、中、小匡》三篇一读便见。此三篇中，《大匡》前半篇及《小匡》中"宰孔赐胙"一段，盖后人别据《左氏》一类之书补入，余则皆治法学者传述之辞也。

（3）诸子中之记事，十之七八为寓言；即或实有其事，人名地名及年代等，亦不可据；彼其意，固亦当作寓言用也。据此以考事实，苟非用之十分谨慎，必将治丝益棼。夫诸子记事之不可尽信如此；而今人考诸子年代事迹，顾多即以诸子所记之事为据；既据此假定诸子年代事迹，乃又持以判别诸子之书之信否焉，其可信乎？一言蔽之，总由不知子与集之异，太重视用作标题之人，致有此误也。

吾谓整治诸子之书，仍当着重于其学术。今诸子书急待整治者有二：

（1）后人伪造之品，窜入其中者。

（2）异家之言，误合为一书者。

盖诸子既不自著书；而其后学之著书者，又未尝自立条例，成一首尾完具之作；而其书亡佚又多；故其学术之真相，甚难窥见。学术之真相难见，则伪品之窜入自易，异家之误会亦多。夫真伪混淆，则学说湮晦；异家错处，则流别不明；此诚足为治诸子学之累；故皆急宜拣剔。拣剔之法，仍宜就其学术求之，即观其同，复观其异；即观其同异，更求其说之所自来；而求其所以分合之由。如是，则诸子之学可明；而诸子之学之根源，及其后此之兴替，亦可见矣。此法今人必讥其偏于主观；然考校书中事实及文体之法，既皆不足恃，则仍不能不出于此也。

3. 诸子学的重要性

旧时学者，于吾国古书，往往过于尊信；谓西方学术，精者不出吾书。又或曲加附会，谓今世学术，皆昔时所已有。今之人则适相反，喜新者固视国故若土苴；即笃旧者，亦谓此中未必真有可取；不过以为旧有之物，不得不从事整治而已。此皆一偏之见。

平心论之：社会科学之理，古人皆已引其端；其言之或不如后世之详明，而精简则远过之。截长补短，二者适足相偿也。且古代思想，恒为后世学术风俗之原；昧乎其原，则于其流终难深晓。

诸子为吾国最古之学；虽其传久晦，而其义则已于无形中蒸为习尚，深入于人人之心。不知此者，其论世事，纵或持之有故，终不免隔河观火之谈。且真理古今不异，苟能融会贯通，心知其意，古书固未必不周今用；正可以今古相证而益明也。惟自然科学，中国素不重视；即有发明，较诸今日，亦浅薄已甚，稍加疏证，不过知古代此学情形如何，当作史材看耳。若曲加附会，侈然自大，即不免夜郎之诮矣。

4. 诸子学与中国文学

读诸子者，固不为研习文辞。然诸子之文，各有其面貌性情，彼此不能相假；亦实为中国文学，立极于前。留心文学者，于此加以钻研，固胜徒读集部之书者甚远。中国文学，根柢皆在经史子中，近人言文学者，多徒知读集，实为舍本而求末；故用力多而成功少；予别有论。即非专治文学者，循览讽诵，亦足所祛除鄙俗，涵养性灵。文学者，美术之一；爱美之心，人所同具；即不能谓文学之美，必专门家乃能知之，普通人不能领略也。

诸子之文，既非出于一手，并非成于一时。必如世俗论文者之言，谓某子之文如何，固近于凿；然其大较亦有可言者。

大约儒家之文，最为中和纯粹。今荀子虽称为儒，其学实与法家近；其文亦近法家。欲求儒家诸子之文，莫如于《小戴记》中求之；前已论及。

道家《管》《老》一派，文最古质。以其学多传之自古，其书亦非东周时人所撰也。《庄子》文最诙诡，以当时言语程度尚低，而其说理颇深，欲达之也难，不得不反复曲譬也。

法家文最严肃。名家之文，长于剖析；而法家论事刻核处，亦实能辨别豪芒。以名法二家，学本相近也。

《墨子》文最冗蔓。以其上说下教，多为愚俗人说法，故其文亦随之而浅近也（大约《墨子》之文，最近当时口语）。

纵横家文最警快，而明于利害。《战国策》中，此等文字最多；诸子中亦时有之；说术亦诸家所共习也。

杂家兼名、法，合儒、墨，其学本最疏通，故其文亦如之；《吕览》《淮南》，实其巨擘。而《吕览》文较质实，《淮南》尤纵横驰骋，意无不尽，则时代之先后为之也。

要之言为心声，诸子之学，各有专门，故其文亦随之而异，固非有意为之；然其五光十色，各有独至之处，则后人虽竭力摹仿，终不能逮其十一矣。以今语言之，则诸子之文，可谓"个性"最显著者，欲治文学者，诚不可不加之意也。

(此篇节录自《经子解题》一书，商务印书馆，1926年初版)

五、我是如何走上史学研究之路的

《堡垒》的编者，嘱我撰文字一篇，略述自己学习历史的经过，以资今日青年的借鉴。我的史学本无足道；加以现在治史的方法，和从前不同，即使把我学习的经过都说出来，亦未必于现在的青年有益。所以我将此题分为两橛，先略述我学习的经过，再略谈现在学习的方法。

1. 少时得益于父母师友

我和史学发生关系，还远在八岁的时候。我自能读书颇早，这一年，先母程夫人始取《纲鉴正史约编》，为我讲解。先母无暇时，先姊颁宜（讳永萱）亦曾为我讲解过。约讲至楚汉之际，我说：我自己会看了。于是日读数页。约读至唐初，而从同邑魏少泉（景征）先生读书。先生命我点读《纲鉴易知录》，《约编》就没有再看下去。《易知录》是点读完毕的。十四岁，值戊戌变法之年，此时我已能作应举文字。

八股既废，先师族兄少木（讳景栅）命我点读《通鉴辑览》，约半年而毕。当中日战时，我已读过徐继畲的《瀛寰志略》，并翻阅过魏默深的《海国图志》，该两书中均无德意志之名，所以竟不知德国之所在，由今思之，真觉得可笑了。是年，始得邹沅帆的《五洲列国图》，读日本冈本监辅的《万国史记》，蔡尔康所译《泰西新史揽要》，及王韬的《普法战纪》；黄公度的《日本国志》则读而未完，是为我略知世界史之始。明年，出应小试，侥幸入学。先考誉千府君对我说：你以后要多读些书，不该竞竞于文字之末了。我于是又读《通鉴》、毕沅的《续通鉴》和陈克家的《明纪》，此时我读书最勤，读此三书时，一日能尽十四卷，当时茫无所知，不过读过一遍而已。曾以此质诸先辈，先辈说："初读书时，总是如此，读书是要自己读出门径来的，你读过两三千卷书，自然自己觉得有把握，有门径。初读书时，你须记得《曾文正公家书》里的话：'读书如略地，但求其速，勿求其精。'"我谨受其教，读书不求甚解，亦不求其记得，不过读过就算而已。十七岁，始与表兄管达如（联第）相见，达如为吾邑名宿谢钟英先生之弟子，因此得交先生之子利恒（观），间接得闻先生之绪论。先生以考证著名，尤长于地理，然我间接得先生之益的，却不在其考证，而在其论事之深刻。我后来读史，颇能将当世之事，与历史上之事实互勘，而不为表面的记载所囿，其根基实植于此时。至于后来，则读章太炎、严几道两先生的译著，受其启发亦非浅。当世之所以称严先生者为译述，称章先生为经学、为小学、为文学，以吾观之，均不若其议论能力求核实之可贵。

苏常一带读书人家，本有一教子弟读书之法，系于其初能读书时，使其阅《四库全书书目提要》一过，使其知天下（当时之所谓天下）共有学问若干种？每种的源流派别如何？重要的书，共有几部？实不啻于读书之前，使其泛览一部学术史，于治学颇有裨益。此项功夫，我在十六七岁时亦做过，经史子三部都读完，惟集部仅读一半。我的学问，所以不至十分固陋，于此亦颇有关系（此项工夫，现在的学生，亦仍可做，随意浏览，一暑假中可毕）。

十七岁这一年，又始识同邑丁桂征（同绍）先生。先生之妻为予母之从姊。先生为经学名家，于小学尤精熟，问以一字，随手检出《说文》和《说文》以后的字书，比我们查字典还要快。是时吾乡有一个龙城书院，分课经籍、舆地、天算、词章。我有一天，做了一篇讲经学上的考据文字，拿去请教先生，先生指出我对于经学许多外行之处，因为我略讲经学门径，每劝我读《说文》及注疏。我听了先生的话，乃把《段注说文》阅读一过，又把《十三经注疏》亦阅读一过，后来治古史略知运用材料之法，植基于此。

2. 我学习历史的经过

我少时所得于父母师友的，略如上述，然只在技术方面；至于学问宗旨，则反以受漠不相识的康南海先生的影响为最深，而梁任公先生次之。这大约是性情相近之故罢！我的感情是强烈的，而我的见解亦尚通达，所以于两先生的议论，最为投契。我的希望是世界大同，而我亦确信世界大同之可致，这种见解，实植根于弱年读康先生的著作时，至今未变。至于论事，则极服膺梁先生，而康先生的上书记（康先生上书，共有七次：第一至第四书合刻一本，第五第七，各刻一本，惟第六书未曾刊行），我亦受其影响甚深。当时的风气，是没有现在分门别类的科学的，一切政治上社会上的问题，读书的人都该晓得一个大概，这即是当时的所谓"经济之学"。我的性质亦是喜欢走这一路的，时时翻阅《经世文编》一类的书，苦于掌故源流不甚明白。十八岁，我的姨丈管凌云（讳元善）先生，即达如君之父，和汤蛰仙（寿潜）先生同事，得其书《三通考辑要》，劝我阅读。我读过一两卷，大喜，因又求得《通考》原本，和《辑要》对读，以《辑要》为未足，乃舍《辑要》而读原本。后来又把《通典》和《通考》对读，并读过《通志》的二十略。此于我的史学，亦极有关系。人家都说我治史喜欢讲考据，其实我是喜欢讲政治和社会各问题的，不过现在各种社会科学，都极精深，我都是外行，不敢乱谈，所以只好讲讲考据罢了。

年二十一岁，同邑屠敬山（寄）先生在读书阅报社讲元史，我亦曾往听，先生为元史专家，考据极精细，我后来好谈民族问题，导源于此。

我读正史，始于十五岁时，初取《史记》，照归、方评点，用五色笔照录一次，后又向丁桂征先生借得前后《汉书》评本，照录一过。《三国志》则未得评本，仅自己点读一过，都是当作文章读的，于史学无甚裨益。我此时并读《古文辞类纂》和王先谦的《续古文辞类纂》，对于其圈点，相契甚深。我于古文，虽未致力，然亦略知门径，其根基实植于十五岁、十六岁两年读此数书时。所以我觉得要治古典主义文学的人，对于前人良好的圈点，是相需颇殷的。古文评本颇多，然十之八九，大率俗陋，都是从前做八股文字的眼光，天分平常的人，一入其中，即终身不能自拔。如得良好的圈点，用心研究，自可把此等俗见，祛除净尽，这是枝节，现且不谈。四史读过之后，我又读《晋书》《南史》《北史》《新唐书》《新五代史》，亦如其读正续《通鉴》及《明纪》然，仅过目一次而已。听屠先生讲后，始读辽、金、元史，并将其余诸史补读。第一次读遍，系在二十三岁时，正史是最零碎的，匆匆读过，并不能有所得，后来用到时，又不能不重读。人家说我正史读过遍数很多，其实不然，我于四史，《史记》《汉书》《三国志》读得最多，都曾读过四遍，《后汉书》《新唐书》《辽史》《金史》《元史》三遍，其余都只两遍而已。

我治史的好讲考据，受《日知录》《廿二史札记》两部书，和梁任公先生在杂志中发表的论文，影响最深。章太炎先生的文字，于我亦有相当影响；亲炙而受其益的，则为丁桂征、屠敬山两先生。考据并不甚难，当你相当的看过前人之作，而自己读史又要去推求某一事件的真相时，只要你肯下功夫去搜集材料，材料搜集齐全时，排比起来，自然可得一结论。但是对于群书的源流和体例，须有常识。又什么事件，其中是有问题的，值得考据，需要考据，则是由于你的眼光而决定的。眼光一半由于天资，一半亦由于学力。涉猎的书多了，自然读一种书时，容易觉得有问题，所以讲学问，根基总要相当的广阔，而考据成绩的好坏，并不在于考据的本身。最要不得的，是现在学校中普通做论文的方法，随意找一个题目，甚而至于是人家所出的题目。自己对于这个题目，本无兴趣，自亦不知其意义，材料究在何处，亦茫然不知，于是乎请教先生，而先生亦或是一知半解的，好的还会举出几部书名来，差的则不过以类书或近人的著作塞责而已（以类书为线索，原未始不可，若径据类书撰述，就是笑话了）。不该不备，既无特见，亦无体例，聚集抄撮，不过做一次高等的抄胥工作。做出来的论文，既不成其为一物，而做过一次，于研究方法，亦毫无所得，小之则浪费笔墨，大之则误以为所谓学问，所谓著述，就是如此而已，则其贻害之巨，有不忍言者已。此亦是枝节，搁过不谈（此等弊病，非但中国如此，即外国亦然。抗战前上海《大公报》载有周太玄先生的通信，曾极言之）。

3. 社会科学是史学的根基

我学习历史的经过，大略如此，现在的人，自无从再走这一条路。史学是说明社会之所以然的，即说明现在的社会，为什么成为这个样子。对于现在社会的成因，既然明白，据以猜测未来，自然可有几分用处了。社会的方面很多，从事于观察的，便是各种社会科学。前人的记载，只是一大堆材料。我们必先知观察之法，然后对于其事，乃觉有意义，所以各种社会科学，实在是史学的根基，尤其是社会学。因为社会是整个的，所以分为各种社会科学，不过因一人的能力有限，分从各方面观察，并非其事各不相干，所以不可不有一个综合的观察。综合的观察，就是社会学了。我尝觉得中学以下的讲授历史，并无多大用处。历史的可贵，并不在于其记得许多事实，而在其能据此事实，以说明社会进化的真相，非中学学生所能；若其结论系由教师授与，则与非授历史何异？所以我颇主张中等学校以下的历史改授社会学，而以历史为注脚，到大学以上，再行讲授历史。此意在战前，曾在《江苏教育》上发表过，未能引起人们的注意。然我总觉得略知社会学的匡廓，该在治史之先。至于各种社会科学，虽非整个的，不足以揽其全，亦不可以忽视。为什么呢？大凡一个读书的人，对于现社会，总是觉得不满足的，尤其是社会科学家，他必先对于现状，觉得不满，然后要求改革；要求改革，然后要想法子；要想法子，然后要研究学问。若其对于现状，本不知其为好为坏，因而没有改革的思想，又或明知其不好，而只想在现状之下，求个苟安，或者捞摸些好处，因而没有改革的志愿；那还讲做学问干什么？所以对于现状的不满，乃是治学问者，尤其是治社会科学者真正的动机。此等愿望，诚然是社会进步的根源；然欲遂行改革，非徒有热情，便可济事，必须有适当的手段；而这个适当的手段，就是从社会科学里来的。社会的体段太大了，不像一件简单的物事，显豁呈露地摆在我们面前，其中深曲隐蔽之处很多，非经现代的科学家，用科学方法，仔细搜罗，我们根本还不知道有这回事，即使觉得有某项问题，亦不会知其症结之所在。因而我们想出来的对治的方法，总像斯宾塞在《群学肄言》里所说的："看见一个铜盘，正面凹了，就想在其反面凸出处打击一下，自以为对症发药，而不知其结果只有更坏。"发行一种货币，没有人肯使用，就想用武力压迫，就是这种见解最浅显的一个例子。其余类此之事还很多，不胜枚举，而亦不必枚举。然则没有科学上的常识，读了历史上一大堆事实的记载，又有何意义呢？不又像我从前读书，只是读过一遍，毫无心得了么？所以治史而能以社会科学为根柢，至少可以比我少花两三年功夫，而早得一些门径。这是现在治史学的第一要义，不可目为迂腐而忽之。

对于社会科学，既有门径，即可进而读史，第一步，宜就近人所著的书，拣几种略读，除本国史外，世界各国的历史，亦须有一个相当的认识；因为现代的历史，真正是世界史了，任何一国的事实，都不能撇开他国而说明。既然要以彼国之事，来说明此国之事，则对于彼国既往之情形，亦非知道大概不可。况且人类社会的状态，总是大同小异的：其异乃由于环境之殊，此如夏葛而冬裘，正因其事实之异，而弥见其原理之同。治社会科学者最怕的是严几道所说的"国拘"，视自己社会的风俗制度为天经地义，以为只得如此，至少以为如此最好。此正是现在治各种学问的人所应当打破的成见，而广知各国的历史，则正是所以打破此等成见的，何况各国的历史，还可以互相比较呢。

4. 职业青年的治学环境

专治外国史，现在的中国，似乎还无此环境。如欲精治中国史，则单读近人的著述，还嫌不够，因为近人的著述，还很少能使人完全满意的，况且读史原宜多觅原料。不过学问的观点，随时而异，昔人所欲知的，未必是今人所欲知，今人所欲知的，自亦未必是昔人所欲知。因此，昔人著述中所提出的，或于我们为无益，而我们所欲知的，昔人或又未尝提及。

居于今日而言历史，其严格的意义，自当用现代的眼光，供给人以现代的知识，否则虽卷帙浩繁，亦只可称为史料而已。中国人每喜以史籍之丰富自夸，其实以今日之眼光衡之，亦只可称为史料丰富。史料丰富，自然能给专门的史学家以用武之地，若用来当历史读，未免有些不经济，而且觉得不适合。但是现在还只有此等书，那也叫没法，我们初读的时候，就不得不多费些功夫。于此，昔人所谓"门径是自己读出来的"，"读书之初，不求精详，只求捷速"，"读书如略地，非如攻城"，仍有相当的价值。

阅读之初，仍宜以编年史为首务，就《通鉴》一类的书中，任择一种，用走马看花之法，匆匆阅读一遍。此但所以求知各时代的大势，不必过求精细。做这一步工夫时，最好于历史地理，能够知道一个大概，这一门学问，现在亦尚无适当之书，可取《读史方舆纪要》，读其全书的总论和各省各府的总论。读时须取一种历史地图翻看。这一步工夫既做过，宜取《三通考》，读其田赋、钱币、户口、职役、征榷、市籴、土贡、国用、选举、学校、职官、兵、刑十三门。

历史的根柢是社会，单知道攻战相杀的事，是不够的，即政治制度，亦系表面的设施。政令的起原（即何以有此政令），及其结果（即其行与不行，行之而为好为坏），其原因总还在于社会，非了解社会情形，对于一切史事，可说都不能真实了解的。从前的史籍，对于社会情形的记述，大觉阙乏。虽然我们今日，仍可从各方面去搜剔出来，然而这是专门研究的事，在研究之初，不能不略知大概。这在旧时的史籍中，惟有叙述典章制度时，透露得最多。所以这一步工夫，于治史亦殊切要。

此两步工夫都已做过，自己必已有些把握，其余一切史书，可以随意择读了。正史材料，太觉零碎，非已有主见的人，读之实不易得益，所以不必早读。但在既有把握之后读之，则其中可资取材之处正多。正史之所以流传至今，始终被认为正史者，即由其所包者广，他书不能代替之故。但我们之于史事，总只能注意若干门，必不能无所不包。读正史时，若能就我们所愿研究的事情，留意采取，其余则只当走马看花，随读随放过，自不虑其茫无津涯了。

考据的方法，前文业经略说，此中惟古史最难。因为和经子都有关涉，须略知古书门径，此须别为专篇乃能详论，非此处所能具陈。

学问的门径，所能指出的，不过是第一步。过此以往，就各有各的宗旨，各有各的路径了。我是一个专门读书的人，读书的工夫，或者比一般人多些，然因未得门径，绕掉的圈儿，亦属不少。现在讲门径的书多了，又有各种新兴的科学为辅助，较诸从前，自可事半功倍。况且学问在空间，不在纸上，读书是要知道宇宙间的现象，就是书上所说的事情；而书上所说的事情，也要把它转化成眼前所见的事情。如此，则书本的记载，和阅历所得，合同而化，才是真正的学问。昔人所谓"世事洞明皆学问，人情练达即文章"，其中确有至理。知此理，则阅历所及，随处可与所治的学问相发明，正不必兢兢于故纸堆中讨生活了。所以职业青年治学的环境，未必较专门读书的青年为坏，此义尤今日所不可不知。

（原载于1941年《中美日报》堡垒副刊第160、161、162、163期自学讲座）

六、怎样读中国历史

1. 读史与今日之需

幼时读康南海的《桂学答问》，就见他劝人阅读全部正史。去年章太炎在上海各大学教职员联合会演讲，又有这样的话："文化二字，涵义至广，遽数之，不能终其物。方今国步艰难，欲求文化复兴，非从切实方面言之，何能有所成功？历史譬如一国之账籍，为国民者岂可不一披自国之账籍乎？以中国幅员之大，历年之久，不读史书及诸地方志，何能知其梗概？史书文义平易，两三点钟之功，足阅两卷有余，一部二十四史，三千二百三十九卷，日读两卷，一日不脱，四年可了，有志之士，正须以此自勉。"

诚然，中国的正史材料是很丰富的，果能知其梗概，其识见自与常人有异，然康、章二氏之言，究系为旧学略有根底者言之。若其不然，则：

（1）正史除志以外，纪传均以人为单位，此法系沿袭

《史记》。此体创自《史记》，实不能为太史公咎，因其时本纪、世家、列传材料各有来路，不能合并，且本纪、世家与列传实亦不甚重复。而后世史事的范围扩大了，一件较大的事，总要牵涉许多人，一事分属诸篇，即已知大要的人，尚甚难于贯穿，何况初学？

（2）即以志论，典章制度，前后相因，正史断代为书，不能穷其因果，即觉难于了解。况且正史又不都有志，那么一种制度，从中间截去一节，更觉难于了解了。所以昔人入手，并不就读正史。关于历代大事，大抵是读编年史的，亦或读纪事本末。至于典章制度，则多读《通考》及《通志》之《二十略》，此法自较读正史为切要。

（3）惟现在读史的眼光和前人不同了。前人所视为重要的事，现在或觉其不甚重要，其所略而不及的事，或者反而渴望知道他。所以现在的需要和前人不同，不但是书的体裁，即编纂方法问题，实亦是书之内容，即其所记载的事实问题。

如此则但就旧日的书而权衡其轻重先后，实不足以应我们今日的需要了。

2. 读中国历史的三大门槛

然则学习中国历史，应当怎样进行呢？

现在人的眼光和前人不同之处，根本安在？一言以蔽之，曰：由于前人不知社会之重要。一切事，都是社会上的一种现象。研究学问的人，因为社会上的现象太复杂了，而一个人的精力有限，乃把他分门别类，各人研究一门，如此即成为各种社会科学。为研究的方便，可以分开论，然而实际的社会，则是一个，所以各种现象仍是互相牵连的，实在只是一个社会的各种"相"。非了解各种"相"，固然无从知道整个的社会；而非知道整个的社会，亦无从知道其各种"相"，因而史学遂成为各种社会科学的根柢，而其本身又待各种社会科学之辅助而后明。因为史学有待于各种科学之辅助而后明，史乃有专门、普通之分。专门的历史，专就一种现象的陈迹加以研究；普通的历史，则综合专门家研究所得的结果，以说明一地域、一时代间一定社会的真相。严格言之，专门的历史还当分属于各科学之中，惟普通的历史乃足称为真正之历史。因为史学的对象，便是整个的过去的社会，但是专门的研究不充分，整个社会的情形亦即无从知道。而在今日，各个方面的历史情形实尚多茫昧，因此，专门及特殊问题的研究极为重要，史家的精力耗费于此者不少。

以上所述为现代史学界一般的情形。至于中国历史，则材料虽多，迄未用科学的眼光加以整理，其紊乱而缺乏系统的情形，自较西欧诸国为尤甚。所以（1）删除无用的材料，（2）增补有用的材料，（3）不论什么事情，都要用科学的眼光来加以解释，实为目前的急务。但这是专门研究家所有之事，而在专门研究之先，必须有一点史学上的常识，尤为重要。

研究学问有一点和做工不同。做工的工具，是独立有形之物，在未曾做工以前，可先练习使用。研究学问的工具则不然，他是无形之物，不能由教者具体的授与。对学者虽亦可以略为指点，但只是初步的初步，其余总是学者一面学，一面自己体会领悟而得的。善教的人，不过随机加以指导。所以研究工具的学习，即是学问初步的研究。当然，工具愈良，做出来的成绩固然愈好，亦惟前人所做的成绩愈好，而其给与我们的手段乃愈良。前此的历史书，既然不能尽合现在的需要，我们现在想借此以得研究历史的工具，岂不很困难？然而天下事总是逐渐进步的，我们不能坐待良好的历史书，然后从事于研究，前此的历史书虽明知其不尽合于今日我们的需要，而亦不能不借以为用，所以当我们研究之先，先有对旧日的史部作一鸟瞰之必要。

历史书有立定体例、负责编纂的，亦有仅搜集材料以备后人采用的。关于前者，其范围恒较确定，所以驳杂无用的材料较少；在彼划定的范围内，搜辑必较完备，所采用的材料亦必较正确。后者却相反。所以读历史书，宜从负责编纂的书入手。其但搜辑材料以备后人来择用的书，则宜俟我们已有采择的能力，已定采择的宗旨后，才能去读。昔人所视为重要的事项，固然今人未必尽视为重要，然而需要的情况不能全变，其中总仍有我们所视为重要的，即仍为今日所宜读。然则昔时史家所视为最重要的，是什么呢？

关于此，我以为最能代表昔时史家的意见的，当推马端临《文献通考序》。他把历史上的重要现象，概括为（1）理乱兴衰，（2）典章经制两端，这确是昔时的正史所负责搜辑的。不过此处所谓正史是指学者所认为正史者而言，不指功令所定。我们今日的需要，固然不尽于此，然这两端，确仍为今日所需要。把此项昔人所认为重要而仍为我们今日所需要的材料，先泛览一过，知其大概，确是治中国历史者很要紧的功夫。

但是今日所需要，既不尽同于昔人所需要，则今日所研究，自不能以昔人所认为重要者为限，补充昔人所未备，又是今日治中国历史者很紧要的功夫。

固然研究的工具，是要随着研究而获得的，但是当研究之前，所谓初步的门径，仍不可不略事探讨，这又是一层功夫。

3. 读史三法

3.1 对旧史要泛滥知其大概

请本此眼光，以论读中国历史书的具体方法：

关于第一个问题，正史暂可缓读。历代理乱兴衰的大要，是应首先知道的。关于此，可读《资治通鉴》《续通鉴》（毕沅所编）、《明纪》或《明通鉴》。此类编年史，最便于了解各时代的大势。如虑其不能贯串，则将各种纪事本末置于手头，随时检查亦可。但自《宋史纪事本末》以下，并非据《续通鉴》等所作，不能尽相符合而已。清代之史，可姑一读萧一山《清朝通史》，此书亦未出全，可再以近人所编中国近世史、近百年史等读之。典章经制，可选读《文献通考》中下列十三门：（1）田赋，（2）钱币，（3）户口，（4）职役，（5）征榷，（6）市籴，（7）土贡，（8）国用，（9）选举，（10）学校，（11）职官，（12）兵，（13）刑。如能将《续通考》《清通考》、刘锦藻《续清通考》，均按此门类读完一遍最好。如其不然，则但读《通考》，知道前代典章经制重要的门类，然后随时求之亦可。此类史实，虽然所记的多属政事，然而社会的情形，可因此而考见的颇多。只要有眼光，随处可以悟入。若性喜研究这一类史实的人，则《通志·二十略》除六书、七音、草木、昆虫、氏族，为其所自创，为前此正史之表及《通典》《通考》所无外，余皆互相出入，亦可一览，以资互证。

历史地理，自然该知道大略。此事在今日，其适用仍无逾于清初顾祖禹的《读史方舆纪要》的。此书初学，亦可不必全读。但读其历代州郡沿革，且可以商务《历代疆域形势一览图》对读。此图后附之说，亦系抄撮顾书而成，次读其各省各府之总论，各县可暂缓。

历代的理乱兴衰，以及典章经制，昔人所认为最重要的，既已通知大略，在专研历史的人，即可进读正史。因为正史所记，亦以此两类事为最多。先已通知大略，就不怕其零碎而觉得茫无头绪了。

正史卷帙太繁，又无系统，非专门治史的人，依我说，不读也罢。但四史是例外。此四书关涉的范围极广，并非专门治史的人才有用，读了决不冤枉。至于专门治史的人，则其不可不读，更无待于言了。工具以愈练习使用而愈精良。

初读正史之时，原只能算是练习。四史者，正史中为用最广，且文字优美，读之极饶兴趣，又系古书，整理起来，比后世的书略难，借此以为运用工具的练习，亦无不可的。

既读四史之后，专治国史的人，即可以进读全史。全史卷帙浩繁，不可望而生畏，卷帙浩繁是不足惧的，倒是太简的书不易读。只要我们有读法，读法如何，在乎快，像略地一般，先看一个大略。这是曾涤生读书之法。专门治史的人，正史最好能读两遍，如其不然，则将《宋书》《齐书》《梁书》《陈书》《魏书》《北齐书》《北周书》和《南史》《北史》分为两组；《新唐书》《旧唐书》《新五代史》《旧五代史》亦分成两组，第一遍只读一组亦可。《宋书》《齐书》《梁书》《陈书》《魏书》《北齐书》《北周书》和《南史》《北史》大体重复，《新唐书》《旧唐书》《新五代史》《旧五代史》实在大不相同。正史包含的材料太多，断不能各方面都精究，总只能取其所欲看。看第一遍的时候，最好将自己所要研究的用笔圈识；读第二遍时再行校补。如此读至两遍，于专治国史的人受用无穷。

正史的纪传太零碎了，志则较有条理。喜欢研究典章经制的人，先把志读得较熟，再看纪传，亦是一法。因为于其事实，大体先已明了，零碎有关涉的材料自然容易看见了。

陈言夏的读史即用此法。

正史中无用的材料诚然很多，读时却不可跳过，因为有用无用，因各人的见解而不同。学问上的发明，正从人所不经意之处悟入，读书所以忌读节本。况且看似无用，其中仍包含有用的材料，或易一方面言之，即为有用。如《五行志》专记怪异，似乎研究自然科学如天文、地质、生物、生理等人才有用，然而五行灾异亦是一种学说，要明白学术宗教大要的人，岂能不读？又如《律历志》似更非常人所能解，然而度量衡的制度，古代纪年的推算，都在《汉书·律历志》中；而如《明史·历志》则包含西学输入的事实，亦岂可以不读？近来所出的正史选本，我真莫明其是据何标准，又有人说，正史可以依类刊行，如《食货志》归《食货志》，《四裔传》归《四夷传》之类，经人辩驳之后，则又说可将各类材料辑成类编，那更言之太容易了。

3.2 以经、子证史，补充昔人所未备

关于第二个问题，昔时史部的书不能专恃，必藉他部或近来新出之书补正的，莫如古史和四裔两门。

古史的初期本与史前时代衔接，这时候本无正确的历史，只有荒渺的传说，非有现代科学的知识，断乎无从整理，所以宜先读社会科学的书。如林惠祥的《文化人类学》、陶孟和所译《社会进化史》似颇适用。古史较晚的材料，多存于经、子中。经、子虽卷帙无多，然解释颇难，合后人注疏考订之书观之，则卷帙并不算少，且颇沉闷。而且经学又有今文、古文等派别，《书经》又有《伪古文》，如不通晓，则触处都成错误，所以因治古史而取材于经、子，对经、子的本身，仍有通晓其源流派别之必要。关于此，拙撰《经子解题》，入手时似可备一览。

为治古史而读经、子，第一步宜看陈立《白虎通义疏证》、陈寿祺《五经异义疏证》。前者是今文家经说的结晶，而亦是古史的志。后者则今古文两家重要的异点已具于是。读此之后，再细读《礼记·王制》一篇和《周官》全部的注疏，则于今古文派别已能通晓，古代的典章经制亦可知其大要，并古代的社会情形亦可推知其大概了。

大抵古代学问，多由口耳相传，故其立说之异同，多由学派之歧异，往往众说纷歧，实可按其派别分为若干组。若能如此，则残缺不全之说，得同派之相证而益明，而异派立说之不同，亦因此而易于折衷去取。

派别之异，最显而易见的，为汉代之古今文经说，然其说实导自先秦，故此法不但可以治汉人的经说，并可以之治经之正文，不但可以治经，并可推之以治子。分别今古文之法，以廖季平先生为最后而最精，其弟子蒙文通乃推之以治古史，其所撰《经学抉原》《古史甄微》两种必须一览。其结论之可取与否，是另一问题，其方法则是治古史的人必须采取的。

编纂周以前历史的人，自古即很多，但于今多佚。现存的书，以宋罗泌的《路史》所包含的材料为最富，刘恕的《通鉴外纪》亦称精详。清代马骕的《绎史》亦称详备，可备翻检而助贯串。因其书系用纪事本末体。

外国有自己的历史。从前中国和他们的交通不甚密切，所传不免缺漏错误，此等在今日，不能不用他们自己的记载来补正，无待于言。亦有并无历史，即靠中国历史中的资料以构成他们的历史的，其中又有两种：一种是他们全无正式史籍的，如北族的大多数和南洋诸国是；另一种是虽有而不足信，反不如中国所存的材料的，如朝鲜、日本、越南的古史是。此一部分中国历史实为世界之瑰宝，其材料虽旧，而研究的方法则新——不用新方法，简直可以全无所得。这方面现代人的著作，也不可以不读，此等著作以外国人的为多，这是因为设备和辅助的科学，外国的研究家所掌握的较为完全之故。近多有译本，其目不能备举，可自求而读之。

关于学术史。昔时专著颇乏，可以学案补之。宋、元、明学案，大略完备。如尚嫌零碎沉闷，拙撰《理学纲要》亦可备一览。清代则有江藩《汉学师承记》和梁启超《清代学术概论》。玄学史无佳者，近人所撰哲学史于此都嫌其略。经学史则皮锡瑞《经学历史》颇为简要。佛学另系专门，如以史学眼光读之，则欧阳瀚存所译《原始佛教思想论》、蒋维乔《中国佛教史》、吕澂《印度佛教史略》《西藏佛学原论》，似可依次一览。先秦学术，近人著作甚多，但只可供参证，其要还在自读原书。

3.3 研究方法要现代化

关于第三个问题，读史的方法，亦宜参考现代人的著述。现代史学的意义，既和前代不同，研究的方法当然随之而异。生于现代，还抱着从前的旧见解，就真是开倒车了。论现代史学和史学研究法的书，亦以商务所出为最多，其中强半是译本；自著的亦多系介绍外人之说。惟梁启超《中国历史研究法》及《补编》系自出心裁之作，对于史学的意义，自不如外国史学家得科学的辅助者之晶莹，而论具体的方法则较为亲切。商务所出论史学及历史研究法之书，大致都可看得，不再列举其名，其中《历史教学法》一种（美国约翰生·亨利著，何炳松译），虽编入现代教学名著中，却于初学历史之人很有裨益，因其言之甚为详明，所以特为介绍。中国论史学的学问，当推刘知几的《史通》、章学诚的《文史通义》。前书大体承认昔人作史之体裁，但于其不精密处加以矫正，读此对于昔人评论史裁之言，可以易于了解，且可知自唐以前史学的大概情形及唐代史学家的意见。章氏书则根本怀疑昔人的史裁，想要另行创造，其思想颇与现在的新史学接近。其思力之沉鸷，实在很可钦佩。这是中国史学史上很值得大书特书的事情。关于此两部书，我很想用现代史学的眼光加以批评比较，再追溯到作者的时代，而解释其思想之所由来。前者已成，名《史通评》，现由商务印行。后者尚未着手，然亦很想在最近把它完成。

研究的方法必须试行之后，方能真知。抽象的理论，言者虽属谆谆，听者终属隔膜，无已，则看前人所制成的作品，反而觉得亲切。昔人诗："鸳鸯绣出凭君看，不把金针度与人。"又有替他下转语的说："金针线迹分明在，但把鸳鸯仔细看。"这两句诗也真觉亲切而有味。此项作品，我以为最好的有两部：（1）顾亭林（炎武）的《日知录》卷八之十三。（2）赵瓯北（翼）之《廿二史札记》。前者贯串群书，并及于身所经验的事实。后者专就正史之中提要钩玄组织之，以发明湮晦的事实的真相，都为现在治史学的好模范。

于此还有一言。目录之书，旧时亦隶史部。此类之书，似乎除专治目录学者外，只备检查，无从阅读。尤其是初学之人无从阅读。但是旧时读书有一种教法，学童在读书之初，先令其将《四库书目提要》阅读一过，使其于学术全体作一鸟瞰，此项功夫我小时尚做过，但集部未能看完。自信不为无益。《四库书目提要》固然不足尽今日之学术，但于旧学的大概究尚能得十之八九，而此书亦并不难读，如能泛览一过，亦很有益的。

以上所论，都系极浅近之语，真所谓门径之门径，阶梯之阶梯。在方家看来，自然不值一笑，然而我以为指示初学的人，不患其浅，但患其陋耳，若因其言之浅，恐人笑其陋而不敢说，则未免拘于门面矣。我的立说虽浅，自信初学的人，或可具体应用。大抵浅而不陋之言，虽浅亦非略有工夫不能道，若乃实无功夫，却要自顾门面，抄了一大篇书目，说了许多不着边际的话，看似殚见洽闻，门径高雅，而实则令人无从下手，此等习气则吾知免矣。

4. 研究历史的感想

我对于历史，从小就很喜欢，读了很多年，觉得有几种感想：中国史的材料，非常繁琐，中国旧书分经、史、子、集，汗牛充栋，单看一种，已经需要很多的时间；若没有正确的科学方法，实难希望有所成就。现在的观点，是与从前不同，史部中许多材料，在过去是必需的，现在已觉得没有多大意义，一方面摭精撷华的删去繁芜，一方面又加入其他的实物如金文、甲骨之类的史料，精确性已较从前增加，不过这种工作仍然太繁，个人精力有限，所以有人主张每人研究一门，或每门中的一件事，结果当然比较有成绩，加以科学的帮助，研究方法比从前进步，所以古代不明白的，现在已弄得很清楚了。

专门史研究的结果，只有一小部分的事迹，是非常精确的。然而这种专门研究，常把事物孤立起来了，不能把许多事物相互关连起来。历史的价值，在于了解普通的现象，仅知道某一时代的某一事情，或某一事发展的纵的经过，而把它脱离当时的社会背景，那是毫无意义的。我们应该明白当时社会的各方面，例如我们住在上海已多年了，对于上海的了解，不能用某一事份来代表全体，须知道上海社会的各方面，像各界的生活状况，工商业的现象，外国人的势力等等，如你仅知道某一方面，这仍旧不能算是已了解上海的。研究历史也是一样，仅仅专门研究一方面，那是不够的，必须还要注意到各方面的历史事迹的发展。

现在有人以为研究一门也不容易得到很好的成绩，况且近代于历史的研究，尚不大发达，所以有人主张等到各种专门问题研究已有结果了，再把它综合起来。可是这也仅可作是一种理由，我们能不能等这样一个时代，这是绝大的问题。世界上有许多事，是不能有所谓"等一等"。好像住房子，我们不能因好的没有造成，暂时等一年半年，这是不可能的。在新房子未完工前，简陋一黏的茅草屋，也是必要的。研究历史也是这样。我们要研究一个专门问题，须先了解全体的现象，明了整个的情形，也就是须先具有普遍的历史知识，然后对于各个问题的相互关系，方才有法子了解，否则仍是没有方法研究。

我们想要知道历史普通的事实，也是一件难事，中国史书这样的多，不知道从何读起。研究的人，往往因见解不同，取材的标准，自然有很大的差异。清代以前的人，对于材料的选择，只知道模仿古代。因此形成一种填表式的情形。所以中国虽有许多历史书，仍是非常杂乱，没有系统，阅读的人，仍苦得不到一个概念。于是现在有许多人专门提出研究方法。如果专门讨论这个问题，对于研究历史只是在第一步有相当帮助，实际心得的获得，尚须各人的努力如何。我们仅记着历史上零碎片段的事实，最多成为一个书橱。况且我们人总要死的，用这种方法研究历史，也不很对。古人说读书好像串铜钱，片段的知识，即如一个个的散钱，欲想知识弄得有条理，须用绳将所有铜钱串起来。可是绳总有方法向人家求得，而整理知识的方法，就很难求得，每个人用了绝大的精力时间，才有相当的把握。这种把握就是读历史的见解。我们现在不能用中小学的读历史方法来研究的，那时因所读的教科书很单纯，自然不会感到困难，我们现在要读的太多，如果各人不自用一种标准去评量，简直无从读起。不过这种标准尽可因各人不同，甲认为有意义的，乙未必附议，总之我们自己总得有个主意。

古人对于这问题，有人主张读几门，有人主张专一门。不过这种见解，他们自己至少对于历史已有相当的程度，假使自己对于历史毫无概念，将如何去研究呢？将怎样去读书呢？如果有人说这个问题别人不能代为解决，须得自己去想法，这实在也对不起所问的人，总应该有一个比较圆满或勉强可以帮助别人的方法，于是有人从历史的应用问题去做标准。但是历史究竟有什么用处？古人说是"前车之鉴"，使你现在所做的事情，有一个努力的方向，可是仔细想一想，也不很对，世界上除了极愚笨的人以外，绝没有死板的模仿古人的，因社会的现象时时刻刻在那里改变，世界上绝无二件完全相同的事，也没有重演的历史，所以说历史是"前车

"之鉴"也是错误的。

有人以为人在社会上做事，好像演员在舞台上做戏。当然，演员与舞台有密切的关系。许多人批评中国旧剧在未做前大打锣鼓，震耳欲聋，太不合理；他们不了解中国戏从前是在乡下做的，地旷人众，不买票，完全是为公众的娱乐，要使别人知道什么地方演戏，自然非敲锣打鼓不可，把这种情形拿到上海舞台上来，自然是不适当了。我们人做事也是这样，历史上汉代韩信用"背水阵"，结果打退了敌人，若照兵法上说，这实在是很大的问题，他告诉别人用这种方法的原因，因为军队都是乌合之众，并不能真心为己作战。所以只好"驱市人而战之"，把他们置诸死地而后生。可是明朝平倭寇的大将戚继光在他的《练兵纪实》中，不主驱市人而战，行险徼幸；却主苦心操演，后来才成精兵，抵御倭寇，边境粗安。他们二人结果虽都告成功，可是所用的方法完全不同，这原因由于他们所处的社会根本不同。韩信的时代，人民皆兵，自然可以"驱市人而战之"，戚继光的时候，边兵多为专家，假使不训练人民，叫他们怎样去打仗呢？所以他们研究历史的事迹，须了解当时的社会现象，离开了社会，往往会使许多事实毫无意义，并且无解决。

我们对于社会的特殊事情，像共产党与国民党的关系，中国与日本的关系，现在的了解，常不及将来的人明白，可是一般的社会事情，以当时的人了解得最清楚。况且历史上的现象，都是大同小异的，如中国的教徒为吃饭，西洋的教徒也为吃饭，但他们的人生观绝不相同。我们研究历史的注意点，就是要发现他的小异，如从前没有摩托车、梅毒、天痘，从前的外交家为什么不会用现在的方法，就是因社会的景象完全改变了，我们研究历史就应该注意这方面，所谓"得闲而人"就是这个意思。我们应该要处处留意二个问题的小异，这才是正确的方法。

（此篇为作者刊于1935年4月《出版周刊》
第102期和1937年4月《新史地》
的两篇文章的合编，标题系编者所加）

七、学会了解中国的史籍

书是没有一部无用的，只看我们怎样用他，所以要分别什么是有用的书，什么是无用的书；什么书重要，什么书不重要——在理论上，这句话不算十分圆满，但是就研究的步骤上说，自然也有个先后缓急，若能把应看的书，说出个大略；并且说出一个大概的先后缓急，我想于治学的人，亦不无小补的。

1. 史部的分类与重新估价

我国史部的书籍，约分两种：

（1）编纂　已编成的历史书籍。

（2）搜集　保存历史材料之书籍。

第一种书籍，因为有范围之限制，在此范围内，事实的调查，材料的搜集，不特完善，并且较为正确。

第二种书籍，没有一定范围，对于材料不加选择，对于某种事实之记载，亦可记其一瞥，亦可详详细细记其全体，首尾具备，而全不负编辑的责任，不过将这种历史的事实记载下来，专待后来研究历史的人，把它整理出来。

这两种书籍，第一种比较的有系统，我们看了以后，容易得到历史上普遍的知识，所以看历史的书籍，应当从第一种书籍下手，以后再读第二种书籍。我国历史往往记载一种太没有意义的事实，就像"邻家昨夜生一猫"……相关的话，这种记载，实在没有一目之价值。

我国闭关时代，历史上对于外国史实的记载，视为无价值，不大乐意记载。如匈奴辽金等，在我国过去历史家的眼中，比较的还重要一点。但是这类事实，在今日视之，却是重要得了不得。历史这类事实，可是不胜枚举的。所以历史上的事实没有绝对的价值的存在，要历史家用时代的眼光去鉴别它有没有价值。

我们现在的学术界，是处在什么样的时代呢？是处在无论哪一件事情，都要重新估定其价值的时代。所以我们研究历史，不论第一种第二种，都可以拿它当作史材。不管它是古代曾经重视的而现在不重视的，或者是古代轻视的而现代重视的，都该不分高低一律平等看待。待搜集齐全了，再经过我们的整理，然后重新去估定其价值。

2. 正史的重要性：全面和直接

第一种的书籍就是正史，从来大家都拿他看做顶重要的，这内边有两个重要的原因：

2.1 正史记载比较完全

宇宙间的事实，到底哪一些是有价值记载的呢？非常繁杂的史事，到底哪一部分应当入于历史的范围呢？马端临的话，最可代表中国旧人的意见，他把历史的事实，分做两种：

（1）治乱兴亡　本纪、列传、表

（2）典章制度　志（书）、表

这个分类很足以代表我国历史家研究古史者的心理，而正史对于这两类，都有相当的记载。例如《通鉴》《通考》等书，不是注重治乱兴亡，就是注重典章制度，所以正史是史书中最完全的。

2.2 正史是直接的材料

我国每代灭亡之后，后代才修前代的正史，所用的体裁大半都是历代相缘的。正史修成以后，其余如纪事本末、通典、通志等都是依据着正史而编纂的（例外很少）。故吾人读正史是直接的，其余的史是间接的。但正史记载虽较完全，而在研究上却不甚便，治乱兴亡是散见于本纪、列传的，典章制度只限于一代。前者固极不便于阅览，后者以典章制度，都是历代相缘，只读一代，亦难了解。故以先读编年、纪事本末、通考为便。

3. 正史的由来和前四史

现在要讲正史的历史。正史之名，起于宋时，所定者共一十七史（《史记》《汉书》《后汉书》《三国志》《晋书》《宋书》《南齐书》《梁书》《陈书》《后魏书》《北齐书》《周书》《隋书》《南史》《北史》《新唐书》《新五代史》）。至明时增定《宋史》《辽史》《金史》《元史》四种，合称二十一史。至清乾隆四年《明史》修成，合为二十二史，又诏增《旧唐书》《旧五代史》，共为二十四史。及至民国奉徐总统命令，柯劭忞《新元史》与旧《元史》并行，遂共为二十五史。

正史之中，以四史为最要。吾人读史，固当先读编年，后读正史，而四史则须先看。因为四史历代研究的人很多，并且以后的正史，多半都是因袭四史，所以四史差不多是后世历史的渊源，成了治史的常识和最普通的学问。故我们看史，当以四史为先，但是看史还有一个最要注意的事情，就是看注释。这差不多成了看古书的定律，不特看史要这样。这类古注很有用处，并且也可以拿来作编史的材料，《史记》

里的《集解》《汉书》的颜师古《注》《三国志》的裴松之《注》，其材料都很有价值。

4. 正史的注释、补和重修

研究正史很可作补助的，有下列几种：

注释　如王先谦的《汉书补注》、杭世骏的《三国志补注》。至于补一部分的，则有徐松的《汉书·西域传补注》等。

补　以表和志内表为最多，至于本纪、列传则比较的少。

重修　如并行之新、旧《唐书》，新、旧《元史》，新、旧《五代史》。其余如周余绪的《晋略》，郝经的《续汉书》等，除已失亡者不算，现在还保存的，尚有一二十种。

我们现在研究历史，当以材料丰富为贵，正确为贵。假若有两部一样的书，可以看时间较早的，因为直接的材料总比间接的好一点，两部书不同，则必须都看。重修之书，除并行者外，后者异于前者的，若不过是无甚意义之体裁，而材料则多照前书，还是可以废之不看。

补，就是补史书上不够之处；注，就是解释正史上不大明白的地方。这两种，清以前也有，但不如清时的多和精。

怎么说呢？因为清代考证之学特盛，并且也非常精确，一件事，前人已有之说，差不多都被他们网罗殆尽。故我们看注，最经济的是先看清人的。关于这类书籍，择其要者，分列于下（参看梁任公所著《清代学术概论》十四节）：

（1）关于历代者：赵翼《廿二史札记》、王鸣盛《十七史商榷》、钱大昕《二十二史考异》、洪颐煊《诸史考异》。

（2）专考证一史者：惠栋《后汉书补注》、梁章钜《三国志旁证》、梁玉绳《史记志疑》《汉书人表考》、钱大昭《汉书辨疑》《后汉书辨疑》《续汉书辨疑》、周寿昌《汉书注校补》《后汉书注补正》、杭世骏《三国志补注》。

（3）关于表志的专书：万斯同《历代史表》、洪饴孙《三国职官表》、顾栋高《春秋大事表》、齐召南《历代帝王年表》、钱大昭《后汉书补表》、钱大昕《元史民族表》、周嘉猷《南北史表》《三国纪年表》《五代纪年表》、林春溥《竹柏山房十五种》《历代职官表》（官修）、洪亮吉《三国疆域志》《东晋疆域志》《十六国疆域志》、洪齮孙《补梁疆域志》、钱仪吉《补晋兵志》、侯康《补三国艺文志》、顾怀三《补五代史・艺文志》、倪灿《宋史・艺文志补》《补辽金元三史・艺文志》、钱大昕《补元史・艺文志》、郝懿行《补宋书・刑法志・食货志》。

（4）关于古代别史杂史的考证笺注者：陈逢衡《逸周书补注》、朱右曾《周书集训校释》、丁宗洛《逸周书官笺》、洪亮吉《国语注疏》、顾广圻《国语札记》《战国策札记》、程恩泽《国策地名考》、郝懿行《山海经笺疏》、陈逢衡《竹书纪年集证》。

（5）关于元史者：何秋涛《元圣武亲征录校正》、李文田《元秘史注》。

5. 治乱兴亡和典章制度

正史之记载注重"治乱兴亡"和"典章制度"两方面，除此而外，亦有专注重一方面者，今分叙于下：

5.1 专叙"治乱兴亡"方面者

关于这种著述的书籍，又分两种：

（1）编年史。以年为经，以事为纬，我们看了以后，可以了解每一个史迹的时代关系。这类书籍，又分两种：a. 司马光《通鉴》，b. 朱熹《纲目》，后人皆有续之者。这两种书籍，前者比较好，因为朱熹著述的动机是模仿孔子的《春秋》，纯粹是寓褒贬的意思。所以每叙一个事实，都用一种特定的书法。比如某官某人卒，是叙好官某某死了。某人卒，是叙坏人某某死了。某官某罢，是叙一个人不配作这个官，政府不是乱命。罢某官某，是叙一个人配作这个官，政府罢之是乱命。伏诛，是叙一个人应该死。杀，是叙一个人不应该死。

朱子治学，颇为谨严。但此书朱子不过成其一部，以其余委之于赵师渊，赵之治学，不大谨严。若我们讲宋学，以朱子为圣人，则此书可看，反此，则其书不见精好。《续纲目》之作者，为明人商辂，三篇为乾隆所敕修。

明时有李东阳者，著《通鉴纂要》，专供皇帝之用，清因之作御批《通鉴辑览》，因应科举的原故，加之人人功名心切，所以一时大盛行于社会。现在时过境迁，其价值已失矣。

《通鉴》可看，最好连胡三省的《注》都看，续这种著作的，明有三家：陈桱、王宗沐、薛应旗。这三人的著作，以薛为最后，也以薛为最好。

清时徐乾学著《资治通鉴后编》，清尚专为彼设一书局，但所著材料不特不完全，组织也不严密，后毕沅也有《续资治通鉴》之著，二者相较，以毕著为好。《续通鉴》止于元代，至于明，有《明纪》及《明通鉴》，二者相较，以《明通鉴》内容为好。大约这类书籍，后出者总比先出者为佳也。

（2）纪事本末。这种史体与编年史相反，以事为经，以时为纬，我们看了以后，可以洞悉历史上一个事实的首尾，容易得到因果的关系。此类著作，创自袁枢，后继之者，代不乏人，今列其重要者于下：袁枢《通鉴纪事本末》（止于五代）、高士奇《左传纪事本末》、马骕《左传事纬》、明陈邦瞻《宋史纪事本末》《元史纪事本末》（无大价值）、清谷应泰《明史纪事本末》（此书很有价值，因其成在正史之前，并非据正史而成者，吾人阅之，为直接材料）、张鉴《西夏纪事本末》（很有价值）。

5.2 专叙"典章制度"方面者

（1）三通：关于这一方面的著述，尚分多种，而以三通为著。唐杜佑《通典》，《续通典》《皇朝通典》；宋郑樵《通志》，《续通志》《皇朝通志》；元马端临《通考》，《续通考》《皇朝通考》；《续皇朝通考》题刘锦藻，实仍寿潜所撰。

《通志》惟二十略为有价值，其余与正史同。《通典》，关于礼可贵之材料甚多，余不如《通考》。《通考》，乃继《通典》而作者，因马端临谓杜佑分类不善，乃另自编辑之，二者相较，以《通考》为良，关于汉宋两朝尤好，前者有特别考证，后者材料较《宋史》为多，且当较精确。部分材料《通典》有而《通考》无，实因马端临认为其对于历史无大价值，故删去之。但此等眼光，至今尤不失其为是也。

（2）会要：叙国家制度之书也，今将其重要的著作，列之于下：王溥《唐会要》《五代会要》（很有价值，因所记俱正史所无者）、徐天麟《东汉会要》《西汉会要》（很有价值），其余还有《六朝会要》《中兴会要》《国朝会要》等。

（3）会典：历叙国家有多少机关，又每一机关所职何事。关于历代政治之述叙，以此类书为最完备，略似今之行政法。其重要著作，有《唐六典》《明会典》《清会典》《清会典事例》。

（4）礼仪：其重要著作，有《唐开元礼》《政和五礼》《新仪》《大金集礼》《明集礼》《大清通礼》。

（5）律例：即国家制定之法律，律者乃每代相因袭而不敢变，率多千百年前之旧，且多不适于用。所重者在例，故律例相冲突者从例，吾人看律必须兼看例，以律虽尊而不甚切于事。其重要者有：《唐律疏义》《大清律例》。

以上所述今再撮其要，立表于下：

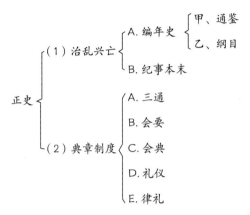

6. 关于别史

除上所叙以外，关于研究古史，则并无纯粹史书之作，仅杂叙于经、子之中，称之曰别史、杂史，因时间关系，暂置不讲。许多别史，为研究某一事所必需者，如《奉天录》，记唐代一藩镇叛乱时之情形。关于建文逊国之事，明人此类著作，凡数十种。《辍耕录》为研究元代典章制度所必需者。《啸亭杂录》则为研究清代典章制度所必需者。

其可参考一代之事者，如：

有关汉代的，有荀悦《汉纪》《东观汉纪》。

有关唐代的，有《大唐创业起居注》(记唐代开国时之情形，材料出于唐正史之外)、《贞观政要》《顺宗实录》《东观政要》（记宣宗时事）。

关于五代史者：王禹偁《五代史阙文》、陶岳《五代史补》、马令《南唐书》、陆游《南唐书》《吴越备史》（载记）。

关于宋代者：李焘《续通鉴长编》（陈均九《备要》为此书删本），此书系编年体，共五百余卷，止于北宋。关于南宋者：李心传《建炎以来系年要录》、徐梦莘《三朝北盟会编》、王称《东都事略》。

关于辽史者：叶隆礼《契丹国志》（因辽史缺乏，故此书颇可贵）。

关于金史者：宇文懋昭《大金国志》。

关于元史者：《蒙古秘史》（永乐大典本）、《皇元圣武亲征录》《蒙古源流考》、洪钧《元史译文证补》、屠寄《蒙兀儿史记》（未成，共刻十二本）。

关于明史者：王鸿绪《明史》。

以上诸书，差不多皆正史之渊源。

关于外国史者：范成大《桂海虞衡志》；周去非《岭外代答》（记南方情形者）；释法显《佛国记》；玄奘《大唐西域记》（记唐时西域印度方面之情形者）；马欢《瀛涯胜览》，巩珍《西洋番国志》（记明时南洋方面之情形者）；顾应祥《南诏事略》《小方壶斋舆地丛抄》（记载关于外国之情形者）。

7. 国史简单参考书目

诸位同学索国史简单参考书目，兹将上次程国屏君所记大略改正，请一传观：

正史先读四史。

编年史读《通鉴》《续通鉴》、毕沅《明通鉴》（或《明纪》）。

纪事本末。读编年史，自觉大事已能贯通，则此可暂缓；否则再读通鉴，他种可暂缓。

《通志》但读二十略。

《通考》择有用之门类读之。

古史可但读《绎史》。

历史地理但读《读史方舆纪要》。李氏《历代地理韵编》可供查检。

如此每日能读三小时，不间断三年，上列之书可毕也。再进而求之，自己亦略有门径矣。关于清代之参考书，近日上课时已讲及，不赘。

近今所出教科书，夏曾佑《中国历史》三本，有见处而论颇偏，陈庆年所编事实较详，中华书局《中学中国历史参考书》同。国学保存会《中国历史教科书》仅出两册，然讲古史有法，可供参考。

谢无量《佛学大纲》《朱子学派》《阳明学派》《中国大文学史》亦尚可看。皮锡瑞《经学史讲义》大致好。此外一时亦想不起矣。

(此篇节录自1922年作者在沈阳高等师范学校的讲演稿，刊于1922年《沈阳高等师范学校周刊》)

八、读旧史入手的方法

　　我这一次的讲演，初意拟以实用为主，卑之无甚高论的；然一讲起来，仍有许多涉及专门的话。这实缘不读旧史则已，既欲读旧史，则其性质如此，天下事不讲明其性质，是无从想出应付的方法来的，所以不得不如此。"行远自迩，登高自卑"，讲到入手的方法，我们就不能不从最浅近、最简易的地方着眼了。

1. 初学之书不在多

　　大抵指示初学门径之书，愈浅近、愈简易愈好，惟不可流于陋耳。陋非少之谓，则不陋非多之谓。世惟不学之人，喜撑门面，乃胪列书名，以多为贵，然终不能掩其陋也。当一九二三、一九二四年时，胡适之在北京，曾拟一《最低限度的国学书目》，胪列书名多种，然多非初学所可阅读；甚至有虽学者亦未必阅读，仅备检查者。一望而知为自己未曾读过书，硬撑门面之作。梁任公评之云"四史"、"三通"等，中国的大学问都在此中，这书目一部没有；却有《九命奇冤》。老实说，《九命奇冤》，我就是没有读过的。我固然深知我学问的浅陋，然说我连最低限度都没有，我却不服。（因原载此评的杂志已毁，无原文可以查检，语句不尽相符，然大致必不误）真可发一噱。任公亦自拟一通，就好得多。

2. 读旧史入手处

旧时史部之书，已觉其浩如烟海；而如前文所述，欲治史者，所读的书，还不能限于史部；而且并没有一个界限，竟把经、子、集三部的书都拉来了。这更使人何从下手呢？且慢，听我道来。

欲治史者，所读的书，因不能限于史部，然仍宜从史部为始；而且在史部之中，要拣出极少数、极紧要的书来。

此事从何着手？

2.1 当知旧史之重在理乱兴衰和典章经制

旧史偏重政治，人人所知；偏重政治为治史之大弊，亦人人所知。然（1）政治不可偏重，非谓政治可以不重；（2）而政治以外的事项，亦可从政治记载之中见得（如旧史的食货志，虽偏重财政，然于社会经济情形，亦多涉及。又如百官志，似乎专谈政治，然某一朝的政府，对于某种经济、文化事业，曾设官加以管理，某一朝却放弃了，亦可于其中见得。举此两端为例，其余可以类推），此二义亦不可不知。所以旧时史家视为最重要的部分，仍为今日读史极重要的部分，而宜先读。

旧时史家视为最重要的部分，是哪一部分呢？这个问题，我们可以读马端临（贵与）先生的《文献通考总序》而得到解答。他把史事分为两大类：一曰理乱兴衰，一曰典章经制。前者是政治上随时发生的事情，今日无从预知明日的；后者则预定一种办法，以控制未来，非有意加以改变，不会改变（此就形式言，其实际有效与否，另是一回事）。故前者可称为动的史实，后者可称为静的史实。历史上一切现象，都可包括在这两个条件之中了。

正史之所以被认为正史：即因其有纪、传以载前一类的史实；有志以载后一类的史实。然纪、传以人为主，把事实尺寸割裂了，不便观览。这一点，是不能为太史公咎的。因为后世的历史，纪、传所纪之事，多系同一来源，而将其分隶各篇，所以有割裂之弊。若《史记》则各篇之来源各别，如前说，古人本不使其互相羼杂，亦不以之互相订补也；所以又有编年体，与之并行。

编年体最便于通览一时代的大势：任何一件事情，都和其四周的情势有关系，不考其四周的情势，则其事为无意义。然欲将四周情势叙述完备甚难；过求完备，又恐失之过繁；而时间为天然的条理，将各事按其发生之先后排列，则每一事之四周情势，及其前因、后果，均可一目了然，此编年史之所以似繁杂而实简易也。现在学生读史的，往往昧于一时代的大势，甚至有朝代先后亦弄不清楚的。这固由于其人的荒唐，然亦由所读的历史，全系纪事本末体，各事皆分开叙述之故。倘使读过一种编年史，就不至于此了。此供学习用的历史，所以贵诸体并行也。编年史在统一的时代要，在列国并立或统一后又暂行分裂的时代为尤要。欧洲历史分裂时长，又较中国为要。现在世界大通，中外史事互有关系，则追溯从前，亦宜知其相互间之关系；即无直接关系，亦宜将其彼此间的情势，互相对照。然则合古今、中外，而用编年体作一简要的新史钞，实于史学大有神益也。编年史有两种体裁：一如《通鉴》，逐事平叙，与单看《左传》同。一如《纲目》，用简单之语提纲，其笔法如《春秋》经，事情简单的，其下即无复文字；繁复的，则于下文详叙，低一格或双行书之，谓之目。纲、目合观，恰如将《春秋》与《左传》合编一简。编年史年代长者，一事在于何时，不易检索。因此，温公作《通鉴》，曾自撰《目录》。然《目录》实不完全，且别为一编，检索仍觉不便。若《纲目》，则阅览时可兼看其目；检索时可但看其纲，而所检索者即系本书，尤较另编目录为便利。朱子创此体以救《通鉴》之失，实为后胜于前，不能以其编纂不如《通鉴》之完善而并訾之也。读《通鉴》时，宜随意取一两年之《纲目》，与之并读，以见其体裁之异同；且最适于作长编：作史必先搜集材料，材料既多，势必互有异同，互相重复，故必依一定之条理，将其编排，则同一之材料，自然汇合到一处；重复者可去，异同者亦不待考校而是非自见；其或仍不能判，即可两说并存矣。条理如何，初无一定，要必依其事之性质，实即其事所自具也。时间为最普遍的条理。无他种条理可用时，时间的条理必仍存。即按他种条理分类，每一类之中，时间之先后，仍不可不顾也。

在历史年代不长时，得此已觉甚便，一长就不然了。一事的始末，往往绵亘数十百年，其伏流且可在数百千年以上，阅至后文，前文已经模糊了，要查检则极难。所以又必有纪事本末体，以救其弊（必时间长乃觉有此需要，此纪事本末一体，所以必至袁枢因《通鉴》而始出现也）。

有此三者（谓纪传、编年、纪事本末三体也。纪传体以人为主，固不免将事实割裂；然人亦自为史事一重要之因素，非谓其能创造时势，乃谓其能因应时势，代表时势之需要耳。故钩求理乱兴衰一类的事实者，非有编年、纪事本末两体以补经传体之缺不可，而纪传体又卒不能废也），理乱兴衰一类的事实，可谓很有条理系统，编纂者都能使之就范了。

然典章经制，亦宜通览历代；而正史断代为书，亦将其尺寸割裂。于是又有政书以弥其憾。有此四者，而旧日史家所重视的政治事项，都能俯就编纂者的范围了。

2.2 读旧史门径之门径：《资治通鉴》和《文献通考》

读书宜先博览而后专精。世界上一切现象，无不互相关联。万能博士，在今日固然无人能做，然治学者，（1）于普通知识，必宜完具；（2）与本人专治的学问关系密切的科目，又宜知之较深；（3）至于本科之中各方面的情形，自更不必说了。所以要治史学者，当其入手之初，必将昔人认为最重要之书，先作一鸟瞰（一切事无不互相关联，所以专治一事者，于他事亦不可茫无所知。近来有伪造唐初钞票以欺人者，人亦竟有受其欺者，即由近人之治学门径太窄之故。若于唐代社会经济、货币、官制、印刷术等方面的知识稍形广阔，即知无论从哪一方面立论，唐初决不能有钞票也）。然以中国史籍之多，即将最重要的部分作一鸟瞰，已经不容易了。于此，我们就要一个"门径之门径，阶梯之阶梯"（张之洞《輶轩语》中语。《輶轩语》者，张之洞任四川学政时，教士子以治学门径之作也）。

于此，我以为学者应最先阅览的，有两部书：

一为《（资治）通鉴》。此书凡二百九十四卷，日读一卷，不及一年可毕。读时必须连《注》及《考异》读。《注》中关系官制、地理之处，更应留心细读。这两门，是胡身之（即胡三省）用功最深处，可见得古人治学之细密。凡治史，固不必都讲考据，然考据之门径，是不能不知道的；于注释亦应留意；否则所据的全系靠不住的材料，甚至连字句都解释错了，往往闹成笑柄。如胡适之，昔年疑井田制度时，称之为豆腐干式，将昔人设法之谈（设法，谓假设平正之例），认为实事，已可笑矣，犹可说也。后乃误古书之方几里者为几方里。不但振振有辞，且于纸角附以算式。逮为胡汉民指出，乃曰：我连《孟子》都忘了。其实此乃根本没有懂，无所谓忘也。旋又据今日之经纬度而疑《汉书·西域传》所载各国道里为不实，作为古书数字不确之证。不知《汉书》所载者，乃人行道里；经纬度两点间之直线距离，则昔人谓之天空鸟迹；截然两事，明见《尚书·禹贡疏》。不读《禹贡疏》，甚而至于不读《孟子》，本皆无足为奇；然欲以史学家自居而高谈疑古则缪矣。其说皆见昔年之《建设杂志》。

次为《文献通考》。论创作的精神，自以《通典》为优；然《通考》所分门类，较《通典》更密，不可谓非后起者胜。且马君所附考证，议论亦不乏，非徒能排比也。章实斋（即章学诚）讥为策括之流，盖于此书实未细读，后人附和之，非知言也。《通志》二十略中，《六书》《七音》《校雠》《图谱》《金石》《昆虫》《草木》等，为旧时史志及《通典》《通考》所无，然非初学所急。故但就《通考》中裁取若干门类。可择读以下诸门：《田赋考》七卷，《钱币考》二卷，《户口考》二卷，《职役考》二卷，《征榷考》六卷，《市籴考》六卷，《土贡考》一卷，《国用考》五卷，《选举考》十二卷，《学校考》七卷，《职官考》十一卷，《兵考》十三卷，《刑考》十二卷，《封建考》十八卷；共一百零四卷，日读一卷，三个半月可毕。

此外，章实斋在其所著《文史通义》中，竭力强调别编文征，以补后世有关系的文字太多，正史不能备载之缺。此即予所言治史宜兼考集部中不属于记载部分之理。凡纂辑历代文字者，如《全上古三代秦汉三国六朝文》等，固均有此作用。

2.3 其他可读之入门书

然其时代最近，读之易于了解，且易感觉兴味者，要莫如贺耦庚的《经世文编》（此书题贺耦庚之名，实则魏默深先生所辑。续编有数种，内容之丰富，皆不逮之）。可随意泛览数卷，以见其体例。前人读史，能专就一事，贯串今古，并博引史部以外的书籍，以相证明，此可见其取材之广。

而深求其利弊的，莫如顾亭林的《日知录》，亭林此书，就所搜集之材料观之，似尚不如今人所作专题论文之广，然昔人之为此，意不在于考据，故于材料，必有关论旨者然后取之，余则在所吐弃，非未曾见也。严格论之，必如此，乃可称为著述；徒能翻检抄录，终不离乎比次之业耳。可先读其第八至第十三卷。

其包孕史事、意在彻底改革，最富于经世致用的精神的，莫如黄梨洲的《明夷待访录》，卷帙无多，可以全读。

清代考据家之书，钱辛楣的《廿二史考异》，最善校正一事的错误；王西庄的《十七史商榷》，长于钩稽一事的始末；赵瓯北的《廿二史札记》，专搜集一类的事实，将其排比贯串，以见其非孤立的现象而发生意义；均宜随意泛览，以知其治学的方法。此等并不费时间。然则我所举第一步应读之书，苟能日读一卷，不使间断，为时不过一年余耳。

3. 治古史的前提

必有人讥议我所举的不周不备。既读《通鉴》，如何不读《续通鉴》《明通鉴》或《明纪》呢？既读《通考》，如何不读《续通考》《清通考》《续清通考》呢？难道所知者只要限于五代、宋以前么？殊不知我所言者，乃为使初学者窥见旧时史籍体例起见，非谓以此使其通知史实。若要通知史实，则所求各有不同，人人宜自为之，他人岂能越俎代庖，一一列举？

老实说，所谓门径，是只有第一步可说；第二步以下，就应该一面工作，一面讲方法的。方法决不能望空讲，更不能把全部的方法一概讲尽了，然后从事于工作。譬如近人教人读史时，每使之先读《史通》《文史通义》。此两书诚为名著，然其内容，均系评论前人作史的得失；于旧史全未寓目，读之知其作何语？讲亦何从讲起？所以我所举初学应读之书，就不之及了。

史部书目分类，历代各有不同，然大致亦相类。今试举最后的清代四库书目为例，则我所指为史部重心的，实为正史、编年、纪事本末、政书四类。居今日而治史学，重要者固不尽于此；然此四者，仍不失其最重要的性质，说已具前。四类书中，我所举者，仅及编年、政书两类。因正史事实割裂，初学不易读；纪事本末，则读《通鉴》时可以翻阅其目录，知一时代之中共有几件大事，而欲查检前文时，亦可于此中求之，则不待读而已可通知其体例矣。此四类之外，曰别史，系体裁与正史相同，而未列为正史者；曰杂史，则体例与正史相异，而所纪事实，与之相类者；曰诏令奏议，则文征之一部分耳；曰传记，专考一人之行事，正史中之列传，尚且从缓，此自暂可搁置；曰载记，系记偏方诸国之事者，少数民族之历史，或包含于其中，于研究此问题者，甚为重要，初学亦难遽及；曰时令，此本不应入史部，讲经济史者，于治农家之书时，可供参考耳；曰职官，既从《通考》中知其大略，一时自不必求详；曰目录，治学术史时宜求之，此时亦可不及；曰史评，最要者为《史通》《文史通义》两书，此时之不能读，正文中已言之矣。惟地理一门，知其大概，亦颇切用。昔人于此，均先读《读史方舆纪要》。此书之观点，太偏于军事，然在今日，尚无他书可以代之。学者若能取其《总论历代州域形势》九卷，与一种州郡名较完全的读史地图对照；于各省，则取其论封域及山川险要者，及各府下之总论，粗读一过，费时亦不过月余耳。

史部之书，初学第一步当读者，略尽于此。虽简易，似不失之陋。亦从工作中求门径，非空讲方法也。经、子之学，于治古史者关系最大。子部中之医家、天文、算法、术数、艺术等，治专门史者乃能读之。较普通者，为关涉农、工二业之农家、谱录两类，亦非初学所及也。

4. 初读求速不求甚解

凡读书，决无能一字一句，无不懂得的。不但初学如此，即老师宿儒，亦系如此。吾乡有一句俗话说："若要盘驳，性命交托。"若读书必要一字一句都能解说，然后读下去，则终身将无读完一部书之日，更不必说第二部了。其实，有许多问题，在现时情形之下，是无法求解的；有些是非专门研究，不能得解；即能专门研究，得解与否，仍未可知的；有些虽可求解，然非读下去，或读到他书，不能得解，但就本文钻研，是无益的；并有些，在我是可不求甚解的。不分轻重缓急，停滞一处，阻塞不前，最为无谓。所以前人教初学读书，譬诸略地，务求其速，而戒攻坚。但定为应读的，略读则可，越过则不可；因为越过是不读，非略读耳。

（此篇节录自《吕著史学与史籍》一书，华东师范大学出版社，2002年版）

九、治史方法谈

1. 以前历史的弊病和现代史学的宗旨

1.1 旧时历史的弊病何在

从前的历史，不适于现代人之用，这句话，是人人会说的，然则从前的历史，其弊病果安在呢？

提出这一个问题来，我们所回答的，第一句话，便是偏重于政治。"一部二十四史，只是帝王的家谱"，这一类的话，在今日，几乎成为口头禅了。这些话，或者言之太过，然而偏重政治的弊病，是百口莫能为讳的。且如衣、食、住、行，是人生最切要的事，读某一时期的历史，必须对于这种生活情形，知道一个大概，这是无待于言的了。我们读旧日的历史，所知道的却是些什么呢？我也承认，读旧日的历史，于这一类的情形，并非全无所得。然而读各正史中的舆服志，所知者，皇帝和官员所穿的衣服，所坐的车辆而已，平民的衣着，及其所用的交通工具，却并没有记载。我们读《齐书》的本纪，知道齐明帝很有俭德。当时大官所进的御膳，有一种唤作裹蒸，明帝把他画为十字形，分成四片，说：我吃不了这些，其余的可以留充晚膳。胡三省《通鉴注》说，在他这时候，还有裹蒸这种食物，是把糖和糯米、松子、胡桃仁，合着香药做成的，把竹皮包裹起来蒸熟。只有两个指头大，用不着画成四片。（见齐明帝建武三年）裹蒸的大小，无关紧要，可以不必去管它。看它所用的材料和做法，大约就是现在嘉、湖细点中胡桃糕的前身，吾乡呼为玉带糕，正是用糖和糯米粉、松子、胡桃仁制成的，不过没有香药而已。（因近代香药输入，不如宋、元时代的多而美。）南北朝时，还没有蔗糖，就是宋、元之间，蔗糖也远不如今日之盛，胡三省所说的裹蒸，用何种糖不可知，齐明帝所吃的裹蒸，则所用的一定是米、麦糖，米、麦糖所制的点心，不甚宜于冷食，所以大官于日食时进之，等于现在席面上的点心；后来改用蔗糖，就变成现在的胡桃糕，作为闲食之用了。又据《南史·后妃传》：齐武帝永明九年，诏太庙四时祭荐其先人所喜食之物。其中荐给宣皇帝的，有起面饼一种。胡三省《通鉴注》说："起面饼，今北人能为之。其饼浮软，以卷肉啖之，亦谓之卷饼。"这似乎就是现在山东薄饼的前身。胡氏又引程太昌的话，说起面饼系"入教面中，令松松然也。教，俗书作酵"。然则在宋、元间，南人食面，尚不能发酵。面饭不发酵则不松美，我们观此，颇可知古代北方虽多产麦，而北人仍以稻米为贵，近代则不但北人喜食面，即南人嗜面的亦渐多的原因。这两件事，我们自谓读史钩稽，颇有所得，然亦只是一鳞一爪而已。南北朝时，裹蒸究竟是较普遍的食品，还是帝王贵人所专享？发酵之法，究竟发明于何时，如何普及于南方？我们都茫无所知。然则我们读史，虽可借零碎材料，钩稽出一些史实来，然毕竟知之不详。这就不能不追恨当时的史家所记太偏于政治，以致别种情形只能因政治而附见了。我们虽能知道秦代的阿房宫、汉代的建章宫宏大壮丽的情形，因而略知当时的建筑技术，然究不能知秦、汉时代普通的民居如何，其弊亦正在此。所以说旧史偏重政治的弊病，是百口莫能为讳的。

偏重政治的弊病，果何从而起呢？这有一个很深远的原因在内。人类的作事，是有惰性的，没有什么新刺激，就只会模模糊糊，一切都照旧做去。古代国家，不过现在一县大，所谓国君，仅等于现在的县令，大夫略如乡、镇长，士则保、甲长之类而已，他们又都是本地人，所行的政治，自然能有影响及于社会。到后世，就远不是这一回事了。君门万里，出必警跸清道，君和民终身没有见过一面。（康有为的《欧洲十一国游记》说：人们凡事，都易循其名而不察其实，如听见外国有国王，便想象他是和中国的皇帝一样。其实，我在比国，看见它的国王从宫中步行出来，人民见他，都起立致敬，他也含笑点头答礼，比中国州县官的尊严，还相差得很多。）平民于宫中之事，固毫无所知；生长深宫之君，于民间习俗，亦一无所晓。所谓礼、乐等化民之具，在古代，是行之于共见共闻之地的。（如古代的乡射礼，意思便近于现在地方上的运动会。）在后世，则只是君和大臣，在禁卫森严的地方，关着门去行，平民永远不曾看见，试问有何影响能及于社会？现在骂政治不好的人，总说他是纸上文章，实际没有这回事。试问，以现在行政机关的疏阔，官吏和人民的隔绝，欲求其不成为纸上文章，如何可得？所以在古代，确有一个时期，政治是社会上的重要现象；社会上的大事，确可以政治上的大事为其代表；后世则久已不是这么一回事了。而人们的见解，总还沿袭着旧时，把后世的政治，看得和小国寡民的时代一样。譬如现在，我们看报，看人家往来的信札，往往叙述社会现象之后，总有"未知当局者何以善其后也"一类的话，其实考其内容，其事都绝非政治所能为力的。然而这种见解，并不是不读书没有见识的人才如此，即号为读书明理的人亦往往如此；其中少数杰出的能重视现实的人，虽明知其不然，然亦为旧观念所牵率，见之不能晶莹，于是古代历史偏重政治，后世亦就相沿不变了。这是社会科学上一个深切的弊病，现在议论起来，虽似乎大家能知其弊，到实际应用，又往往阴蹈之而不自知，怕一时很不容易彻底除去。

既然偏重政治，则偏重战事和过度崇拜英雄之弊，必相因而起。因为战事总是使政治发生显著的变化的，而在政治上、军事上能得到成功的人，亦总易被众人认为英雄之故。不错，战事确是能使社会起重大的变化的。然而要明白一件事，总得能知其原因结果，然后可谓之真明白。旧史所记的战事，往往只是战事而已，于其原因如何，结果如何，都茫无所及。（便是对于战事胜败的原因、结果，亦往往说不出来。）此等记载，试问知之竟何所用？"英雄造时势，时势造英雄"，这两句话，到现在，还有视为难于论定的。其实所谓英雄，不过善于利用时势而已。一个社会，到危急存亡的时候，能否有英雄出来，全看这社会的情形如何，如能否造就英雄？有英雄，能否大家崇拜他，听他的指挥，把反对他的人压伏下去？这些，都是英雄能否出现的条件，而决不是有无这样的人出生与否的问题，这是明白无疑的事。英雄造时势一语，如何能与时势造英雄并列呢？过分偏重军事，则易把和平时代跳过了，如讲生物学的人，只知道突变，而不知道渐变，这个能算懂得生物学么？过分崇拜英雄，则易于发生"利人济物非吾事，自有周公孔圣人"和"啸吟风月天容我，整顿乾坤世有人"的思想。大家觉得只要有一个英雄出来，就一切问题都解决了，而忘却自己应负的责任。其肯负一些责任的，又容易模仿不适宜于时代的人物，甚而至于妄自尊大，陷于夸大狂的样子。

还有，借历史以激励爱国家、爱民族之心，用之太过亦有弊。不错，爱国家、爱民族，是确有其理的；而借历史以激励爱国家、爱民族之心，亦确是一个很好的办法。然而天下事总有一个适当的限度，超过这限度，就不是真理，而是出于矫揉造作的了，其事就不免有弊。这在欧洲，十九世纪后半期各国的历史，都不免有此弊，而德国为尤甚。亚洲新兴的日本，此弊亦颇甚。中国人偏狭之见，较之德、日等国，可谓相差甚远，然亦不能绝无。中国人之有此弊，是起于宋以后的。民族主义，原因受异族的压迫而起，中国自宋以后，受异族的压迫渐次深了，所以民族主义亦渐次勃兴，这固是题中应有之义。然感情与理性，须相辅而行，偏重感情，抹杀理性，就糟了。如中国宋以后盲目的排外之论，是很足以偾事的。近代和西洋人交涉的初期，即颇受其弊。而日本人在明治的初年，亦几受其弊，幸而尊王攘夷之论，一转而为变法维新，否则日本在此时，可以激成很大的惨祸的，虽然不至于亡国。朝鲜国比日本小，而其受宋学末流的影响却深，就竟尔暂时酿成亡国的惨祸了。大抵民族主义误用的弊病有两种：（1）是把本族看得过高，如德、日两国，即犯此弊。（2）则把异族看得太低，如中国人总说蛮夷不知礼义，甚至比之于犬羊便是。这两者之弊，都由昧于事实的真相而起。昧于事实的真相，惟有求明事实的真相可以救之。所以由矫揉造作的历史所致之弊，惟有用真正的历史，可以做它对症的药。

还有，借历史以维持道德的观念，也是有流弊的。这又可分为两种：其一，借历史以维持社会的正义，如朱子编《通鉴纲目》，借书法以示褒贬。（书法是借一种记事的笔法，以表示对于其事的褒贬的。如某人罢官，罢得不得当的，则书曰罢某官某；如其人咎有应得的，则削去官名，但书某罢；如无好无坏的，则书某官某罢。）后人又为之发明，对于历史上的人物、事迹，一一加以批评。其二，则借此激励读史者的修为，如昔人编纂名臣和名儒的言行录等，即出于此动机。此二者，骤看亦似无甚弊病。然凡事都贵求真，（1）历史上的记载，先是不确实的；（2）即使确实，而一件事情，关系极为复杂，亦断非但据其表面所能论定；而此等史事的批评家，往往仅据往史表面上的记录，其结果，多不免于迂腐或肤浅，就不徒无益于求真，而反足为求真之累了。

还有一事，在西洋受病颇深，中国却无其弊，那便是借历史以维护宗教。在西洋，所谓中世时代，历史几乎做了宗教的工具。是宗教事件则详，非宗教事件则略，而其所评论，亦多数是用的宗教家的眼光。这不但旧教，即新教亦未尝不如此，而且两教都利用历史，以为攻击的武器。中国亦未尝没有教，中国人所作的历史，如佛家所记的释迦本行、高僧事迹之类，然大家都只当它宗教中的书籍看，不把它当作历史，所以不受其害。还有一种，竟无好好的历史，而历史事迹，都依附宗教书籍以传之国，如印度等，那其受病之深，更不言而喻了。

还有，存着一种以史事为法戒，即所谓前车之鉴的见解，亦足使史学深受其弊的。

1.2 史家宗旨今昔异同

史也者，非一成不变之物，而时时在改作之中者也。所谓改作者，非徒曰正其误谬，补其阙略而已。盖其所取之材料，实有不同焉。而材料之不同，则因宗旨之不同而生者也。

古人作史之宗旨，不同于今人者，大端有三。

一曰偏重政治。正式之史，本出史官，而史官由国家设立。其易于偏重政治者，势也。人类之作事，恒有其惰性，前人创行焉，则后人率循而不敢越。抑不仅此，古代国小而俗朴，举一国惟在上者之马首是瞻，斯时庙堂之政令，盖诚为举国之枢机。即在后世，法出而奸生，令下而诈起，然政治之力，仍足强制在下者，使之变易其外形，所及广而收效宏。盖无逾于政治者。此自来作史者，所以于他方面皆失之忽略，而独于政治则喋喋不休也。然政治之力，虽能改易举国之外形，而其所改易，亦仅及外形而止。况于国大民众，中枢之命令，不能遍及，社会程度日高，一心听令又非古昔之比，虽欲变易其外形，或且不可得乎？试观近代，政治转移社会之力，较机械为何如乎？

一曰偏重英雄。此由古代事权，恒操于一二人之手之故，其实英雄全恃凭借，亦全恃命运，试以身所接构之人，较其成功者与败绩者，其才力相去，初不甚远可知。又英雄之称，实由庸众所赐，而庸众识力不及，往往以矫诬侥幸之徒为英雄，而真英雄转非所识。试观往史，有众所唾骂，或以为无足重轻，而今声价日增者。亦有众所归美之人，今断觉其一钱不值者。而先知先觉，眼光过于远大，与恒人相去太远者，尤易为世所缪辱。验诸并世，此等情形，尤随在可见，特人莫之察耳，以莫能察者之多，而庸众之程度可见矣。庸众之程度可见，而其所评定之英雄可知矣。即谓英雄之成功，非全侥幸，然必能利用事势，乃能成功，则确不可易。时势造英雄，盈天地间皆是。英雄造时势固非无其事，然皆世所淡漠视之者也。故真能促进社会之过程者，皆非世所谓英雄，而世所谓英雄，则皆随波逐流之徒也。

一曰偏重军事。此由外观之兴亡，每因军事而起，其实国之兴亡，由于战之胜败，而战之胜败，初不在于胜败之时，事至习见，理亦易明。时至今日，本有取人之国而不用兵者，即在浅演之世，胜负专决于兵，亦不过能慑服之，使不我抗而已。真欲同化他族，使之泯然无迹，亦必别有设施，我族同化异族之事，即其佳证也。

偏重政治，偏重英雄，偏重军事，三者弊亦相因，以政治军事，古多合而为一。而握有此权者，苟遭际时会，恒易有所成就，而为世人目为英雄也。此盖往史最大之弊。自此以外，犹有五焉：

一曰用以奖励道德。其义又有二，一以维持社会之正义。如往史之讲褒贬，重激扬是。一资为立身之模范，如以善人为法，恶人为戒是也。

一曰用以激励爱国爱种族。今日之史，犹未能合全世界为一。乙部大宗，大抵一国家一民族之史也（即一国种族甚多者，亦仍以一族为主，如中国之史，以汉族为主是也）。同族同国之人，其相亲爱，本已异于异族异国，况于今日种族之界限尚未能破，一民族为他族所征服，往往为之奴隶牛马，不能不思所以自保。而欲图自保，又不能无国家为利器乎？况于古代褊狭之见，又有留诒至今，未能涤除者？爱国爱族，诚未尝不可提倡，然蔽于偏见，致失史事之真，则缪矣。中西交接之初，史家此等谬误，盖未易枚举，今日读之，未见不哑然失笑者也。若乃明知非史事之真，而故为矫诬，以愚民而惑世，如日本人之所为者，则尤不足道矣。

一曰借以传播神教。教徒所作之史恒有之。试读《蒙古源流考》，观其妄援吐蕃，以为有元帝室之祖。又试读梁任公《佛教初输入》一篇，则见白马驮经之说。本道教徒之谰言，而其后辗转附会，转用以诋毁道教，即可知此等史迹，无一可信。然至今日，此等事仍不能免。往者梁任公撰《克伦威尔传》，称扬其革命之功，基督旧教所出之汇报，乃务反之。又今日奉佛之人，喜援佛经之寓言，侈陈佛之灵迹。信孔教者，亦喜引谶纬怪说，以见孔子之殊异于人。此皆予所亲见者也。其智与撰《蒙古源流考》，造白马驮经之说者何异？此等事，在今世，诚不甚多，有之亦不足惑众。然在往昔，则惑世诬民甚深。并有更无正史，欲考行事，惟有求之教中经典者矣。中国信教，不如外国之深。教徒奸乱历史亦不如外国之甚。然其崇古，亦略带迷信性质。如刘知几《疑古》《惑经》两篇，往昔论者，多诋为非圣无法是也。

一曰偏重生计。此弊旧日无之，只病视之过轻耳。今之过信唯物史观者，则颇有此弊，史事因果至为繁复，诚有如释家所谓帝网重重者，偏举一端，纵极重要，必非真相。况于戴蓝眼镜者，则所见物无一非蓝。戴黄眼镜者，则所见物无一非黄。意有偏主，读一切书，观一切事，皆若足为吾说之证，实则未足深信乎？孔子之讲大同，老子之慕郅治，所慨想者，实皆隆古部落共产之世。今日社会学者所慨慕，夫岂古人所不知，然终不谓生计制度一变，天下遂可臻于大同郅治。以社会之事，经纬万端，故非偏举一端，所可概也。

一曰偏重文学。史之源出于传述，传述之语，必求新奇可喜，感慨动人。而事之真遂因之而隐。荷马史诗，本类唱本者无论矣。即学者所传，亦多不免此弊。《管子》述桓公之威，北慑离枝，西臣大夏。夫离枝即后世之鲜卑，大夏极近，亦当在今山西境。齐桓盟会，晋献讫未尝与，献公死而国乱，齐桓亦未能正，安能暴师徒以征并北之远夷。《左氏》谓山戎病燕，不过在今北平境，《公羊》谓其旗获而过鲁，则并在今山东境矣，安能远及长城之外乎？此由口耳相传，致兹不谛。先秦两汉，多有此病，魏晋而降，务华饰而失真，赵宋以还，好学古而不切，近世文字，虽稍平实，然好讲史法，务求简洁雅驯，失实处仍不少也。

以上所举，皆史家之弊。至于近世，又有教育之家，因儿童不能了解，曲说史事，致失真相者。学究固非史家，生徒亦难言史学，然其人数甚多，影响颇巨，则亦不可不慎也（今日粗识之无知辈，以及耳食之徒，论三国事，无不误以演义为史实者，可知通俗教育，影响之大）。

偏重之弊，厥有三端：一曰不重之事，易于漏略。二曰所重之事，易于扩大（无论有意无意）。三曰原因结果，易于误认，而史事之真相失矣。史籍无论如何详博，断不能举天下事一一记载，终不能无所去取。去取必凭史家之意，意向稍歧，而史籍之误滋多矣。此古人所以有尽信书不如无书之叹也。

今日史家，异于往昔者，有一语焉。曰：求情状，非求事实。何谓求情状非求事实。曰：梅定九氏言之矣。梅氏之言曰：历之最难知者有二，其一里差，其一岁差。是二差者，有微有著，非积差而至于著，虽圣人不能知，而非其距之甚远，则所差甚微，非目力可至，不能入算。故古未有知岁差者，自晋虞喜，宋何承天、祖冲之，隋刘焯，唐一行始觉之。或以百年差一度，或以五十年，或以七十五年，或以八十三年，未有定说。元郭守敬定为六十六年有八月，回回泰西，差法略似。而守敬又有上考下求，增减岁余天周之法，则古之差迟，而今之差速，是谓岁差之差，可谓精到。若夫日月星辰之行度不变，而人所居有东西南北，正视侧视之殊，则所见各异，谓之里差，亦曰视差。自汉至晋，未有知之者，北齐张子信，始测交道有表里，此方不见食者，人在月外，必反见食。宣明历本之，为气刻时三差，而大衍历有九服测食定晷漏法，元人四海测验七十二所。而近世欧逻巴，航海数万里，以身所经山海之程，测北极为南北差，测日食为东西差，里差之说，至是而确。是盖合数十年之积测，以定岁差，合数万里之实验，以定里差。距数愈远，差积愈多，而晓然易辨。且其为法，既推之数千年数万里而准，则施之近用，可以无惑。历至近日，屡变益精，以此。

夫史学之进步，亦若是则已矣。今日之政治，非夫古代之政治也。今日之风俗，亦非复古代之风俗也。以政治风俗之不同也。生于其间者，其所作为，与其所成就，自亦不能无异。然政治风俗之不同，非且夕可见者也。烝民之生虽久，而其有史则迟，大化之迁流，岂不知往事者所能睹，则以为国家社会之为物，亘古如兹。犹前剧后剧，舞台初未尝更，特般演于其上之人物，有不同而已。庸有当乎？试举两事为证。

韩信之破陈余也，曰驱市人而战之，而戚继光之御众，则纪律极严，其兵至能植立大雨中而不动，读《练兵实纪》一书，犹可想见其规制之密，训练之勤焉。彼能驱市人而战之乎？使驱市人以战，而亦可获胜，继光何为纷纷然，何继光之不惮烦？然则继光之才，不逮韩信邪？非也。信距战国之世近，其民固人人能战，故劫之以势，则皆胜兵。若未习战之白徒，则务固其势，以壮其胆，犹且虑其奔北，若蹙之必死之地，彼非哗溃，则相挤入水耳。不观汉高彭城，苻坚淝水之败乎？古人所处之时不同，为尚论所不容遗，犹天文之有岁差也。

昔人之论佛也，曰："其微言不能出吾书，其诞者吾不信也。"此语最中肯綮。彼教怪诞之言，论者本有两说：一以为皆实语。一则以为寓言。神教非吾侪所知，以哲理论，则后说为当矣。然则佛固诞谩，不如孔子之真实邪？须知佛所处者为印度，孔子所处者为中国，佛之说，亦印度旧说，非其所自创。犹子所雅言，诗书执礼，亦虞夏商周之旧物，非其所自为也。以印度旧说之诞诋佛，亦将以诗书礼乐之违失罪孔子乎？此与訾孔子不通梵文，佛不以华言著书何异，古人所处之地不同，为尚论所不可遗，犹天文之有里差也。

此等理，原非古人所不知，然于异时异地之情形，知之不悉，及其论事，终不免以异时异地之事，即在此时此地境界之中，犹评外国戏剧者，设想其即在中国舞台之上，其言必无一得当矣。职是故，今日史家之先务，遂与昔时大异，彼其重情状，不重事实，非吐弃事实也。其所求者，皆足以考证一时一地社会情形之事实云尔。社会之情形既明，而一切事实，皆不烦言而解矣。求明社会情形之事实如何？曰：有二。

一曰重恒人。谚曰：三军易得一将难求，斯固然，然不知兵之勇怯，亦安知将之良否？读前所论韩信、戚继光之事可见矣。故英雄犹匠人，其所凭借之社会犹土木。非有土木，匠人固不能成室，而匠人技艺之优劣，亦视其运用土木如何耳。成一时一地之情形者，恒人之饮食男女，日用行习也。英雄犹浮屠之顶，为众所著见，不待考而明，恒人犹全浮屠之砖石，易见忽略，故非详加考察不可也。

一曰重恒事，恒事者，日常琐屑之事也。亦易见忽略，然实为大事之基。鲜卑者，东胡之裔，东胡盖古之山戎也。方其未强盛时，齐桓伐之而捷，秦开却之而克，至匈奴冒顿攻之，遂奔北逃窜，一若绝无能为者。然至檀石槐、轲比能，遂方制万里。使边郡之士夫，为之旰食，何哉？蔡邕之言曰：关塞不严，禁网多漏，精金良铁，皆为贼有。汉人逋逃，为之谋主，兵马利疾，过于匈奴。证以金室初兴，厚值以市商人所携之兵甲，满清猾夏，实起抚顾之互市。而鲜卑盛强之原因，可想见矣。宁城下通胡市，后书之记此，固以见汉抚驭之略，非以著鲜卑强盛之由，而吾侪连类钩考，乃能别有所得。知风化乃知山崩，地表之变动，海岸线之升降，固不让火山之暴发，洪泽湖之陷落。不知平时，固无由知革命也。平时实渐进之革命也。

学问之道，求公例，非求例外。昔人不知各时各地情形之不同，则无论何事，皆有其不可解之处，而史事悉成例外矣。知之，则事实之形状不同，而其原理则一。汇万殊归一本，而公例斯立。此固凡学问之所同，不独史也。

1.3 现代史学家的宗旨

往史之弊既如此，所以救其弊者，又将如何？

不论什么事情，总是发生在一定的环境之内的，如其不知道它的环境，这件事就全无意义了。现在试举一个例。从前汉朝时候，有一个名将，唤做韩信。他有一次和敌人打仗，把自己的兵排在水边上，背对着水，这就是所谓背水阵，是犯兵家之忌的，因为没有退路了。后来竟打了胜仗。人家问他，他说：这亦在兵法上，不过你们不留意罢了。兵法上不是有一句置之死地而后生么？我所用的兵，不是训练惯统带惯的，乃是临时聚集来的乌合之众，这和走到市集上，把许多赶集的人聚拢来，使之作战一样，不是置之死地，人人要想自己救命，谁肯出力死战呢？这是一件事。明朝时候，又有一个名将，唤做戚继光。他练兵最认真。著有一部书，唤做《练兵实纪》，对于练兵的法子，说得很详尽。清朝的曾国藩，本来是个书生，不懂得练兵的，他初出来练乡勇，就靠这一部书做蓝本，订定一切规则。可见戚继光这部书，对于练兵的方法说述的详尽，也可见得他对于练兵的认真了。相传当他检阅时，适逢大雨，他的兵都能植立雨中，一步也不移动，可见他训练之效。他所以南征北讨，所向有功，绝非偶然了。这又是一件事。两件事恰恰相反。在看重战术的人，一定说韩信的将才在戚继光之上，能不择兵卒而用之；在注重训练的人，则又要说韩信的战胜只是侥幸；其实都不其然。韩信生在汉初，承战国时代之后。战国时代，本来是举国皆兵的，所以在秦、汉之世，贾人、赘婿、闾左（这亦是当时所谓谪发、谪戍。谪是遣谪的意思，发有罪的人出去作战，谓之谪发；出去戍守，谓之谪戍。贾人、赘婿，都不能算有罪，然汉时亦在七科谪之列，那不过因当时重农贱商，赘婿大概是没有田产的，发他们出去当兵，免得扰累农民罢了。闾左，谓一条街巷的左半段。这是要发一条街巷里居民的一半去当兵，而古者地道尊右，把右边算上首，所以发其左半的人出去，秦时曾有此事），发出去都可充兵。韩信所用的兵，虽说没有经他训练过，然战争的教育，是本来受过的，对于战斗的技艺，人人娴习，所以只要置之死地，就能够人自为战。戚继光时代，则中国统一已久，人民全不知兵，对于战斗的技艺，一无所知，若不加以训练，置之活地，尚不能与敌人作战，何况置之死地呢？若使之背水为阵，非毙于敌人锋镝之下，就要被驱入水了。所以韩信和戚继光的事，看似相反，而实则相成，若非知其环境，就无从了解其真相了。况且事实原因环境而生，若不知其环境，对于事实的性质，必也茫无所知，更何论了解其经过。然则对于史事，安可不知其环境呢？

然而我们现在，对于任何史事，总不能十分明白其环境，这是什么理由？这自然是由于记载的缺乏了。记载为什么会缺乏呢？难道向来史家，对于不知环境则不能明白其事件的真相的道理，都不知道么？不，须知"常事不书"，为秉笔者的公例。我们现在虽追恨古人，叙述一事件时，不把他的环境说述清楚，以致我们不能了解，然使我们执笔为之，恐亦不免此弊；即使力求避免，其与古人，亦不过程度之差而已；将来读书的人，还不免要追怨着我们。这是因为著书的人，总得假定若干事实为读者所已知，而不必加以叙述，如其不然，就要千头万绪，无从下笔了。你天天记日记么？一个朋友，忽而今天来看你；你今天忽而想到去做一件不在预算范围内的事情；这自然要记出来的。学校中的课程，个个星期是一样；吃饭、睡觉，天天是一样；那就决无逐日记载之理，至多每学期开学之初，把课程表抄一份在日记里，以后每逢变动时，再加以记载；初记日记时，把吃饭和睡觉的时刻，记下一笔，以后则逢一顿宴会，一夜失眠等事，再加以记载罢了。这就是所谓常事不书，是秉笔者不得不然的。然而社会的变迁，虽然看不见，却无一息不在进行之中。虽其进行无一息之停，却又"正明目而视之，不可得而见，倾耳而听之，不可得而闻"，正和太阳影子的移动，没人看得见一样。然而隔着一个时间再去看，就移动了许多了。社会的变迁，亦是如此，必须隔若干年代，然后看得出。然而人寿太短，所以除非生于剧变时代的人，总不觉得它有多大的变动。寻常人所觉得的变动，总是听见父辈、祖父辈，甚或是曾、高祖父辈的人所说的，这种说述的人，尚或出于传闻而不是亲见，如此，在感情上，自然不甚亲切；而且这些零碎的事实，不能通其前后而观之，则亦不过是一个一个小小的变动而已，并不觉得如何惊心动魄，把它记载下来的人，自然少了。隔了较长远的时代，再把今昔的社会一加比较，固然也觉得它有很大的不同，然而变迁的时代，业已相离很远，无从知其因变迁生出来的影响，自更无人注意及之了。所以社会的变迁，我们所知道的，怕不过百之一二，对于任何时代的情形，我们都是茫然，自然对于任何事件的环境，我们都不明白了。

不知环境，对于任何事情，总是不能明白的，以致对于任何时代，亦都不能明白，这却如何是好呢？所以现在的史学家最重要的事情，就是"再造已往"。何谓再造已往？那就是已往的时代，虽然已往了，我们却要综合各方面，使其时代的情形，大略复见于眼前。史事有"特殊事实"和"一般状况"之分。对于特殊事实，普通的见解，总以为时代愈接近的人，则知之愈真切，其实不然。这许多事情，往往要隔了一个相当的时期，然后渐明；再隔了一个较长的时期，然后大白的。因为许多事情，都有其内幕，而其内幕，在当时总是秘密的。局中人固不肯宣泄，更不能宣泄；局外人既不能宣泄，亦或不肯宣泄；必隔了一个时期，其材料才得出现。而且局中人无论矣，即局外人，亦免不了利害和感情上的关系，其见解总不能平允，见解既不能平允，自然所述不能真实，亦必隔了一个时期，此等关系渐成过去，其所传的材料方能真确。又有许多事情，其内幕是永不宣泄的，所谓如何如何，只是后人据其外形，参以原因、结果，推测而得，这亦非待至事后各方面的材料大略出现之后，无从推测。这种便利，都是当时的人，或其时代较为接近的人所没有的。所以特殊事实，看似当时的人最为明白；时间愈接近的人则愈明白，其实适得其反。我们来谈唐、宋、元、明时代的特殊事实，必有一部分非其时之人所知；将来的人谈现在的历史，亦必有一部分非我们所能及。至于一般状况则不然，现在的上海，物质生活是怎样？人情风俗是怎样？将来的人，无论是怎样一个专家，对于现在的上海，无论研究得如何精密，其了解的深切，总还不如现在久居上海的一个无甚知识的人。固然，他或有种种知识，为现在的老上海所不及的，然这只是多知道了若干零碎的事实，对于现在整个上海的性质的了解，决出于现在所谓老上海者之下。若使现在的上海，发生了一件特殊的事情，使将来的专家，和现在的老上海，同来猜想其原因，逆料其结果，将来专家的所言，绝不如现在老上海之近理。所以以当时的人，了解当时的事，只是苦于事实的真相不能尽知，如其知之，则其了解之程度，必出于异时人之上。这就是再造已往之所以要紧。

已往者已往矣，何法使之再现？难道能用奇秘的摄影术，使古事再见；奇秘的收音机，使古语可闻么？照寻常人想来，除非用现代的有声电影，可以把现代的情形，留起若干来，给后人知道，已往的事，是绝然无法的了，其实不然。所谓一般状况，乃是综合各种事情而推想出来的，并不是指某一个人或某一件事。若专指一人一事，那又是特殊事实了。我们现在，有许多前人所遗留下来的重大的特殊事件，尚且不能了解其时的社会，何况但保存一二琐屑的事情呢？若说我们保存得多，则岂能把现代的情形，一一保存下来？还不过和前人一样，假定若干事物为后人所能知，则置诸不论不议之列，其为我们所逆料，以为将来之人将不能知之事，则保存一二罢了。此与前人之所为，亦何以异？至多以五十步笑百步而已。所以要以现代人之所为，省却将来的人搜辑、推测之劳，决无其事。而史家的能力，就是在于搜辑、推测的。倘使能搜辑、推测，前代的情形虽然已成过去，仍有使之再现到某程度的可能。我们现在所苦的，乃是这种材料之少，而无从据之以资推测，然此种材料虽少，我们所用的搜辑的工夫，怕比他更少。况且我们于现存材料之外，还有发现新材料的可能。

所以现代史学上的格言，是"求状况非求事实"。这不是不重事实，状况原是靠事实然后明白的，所以异于昔人的，只是所求者为"足以使某时代某地方一般状况可借以明白的事实"，而不是无意义的事实而已。所以有许多事情，昔人视为重要，我们现在看起来，倒是无关重要，而可以删除的。有许多事情，昔人视为不重要，不加记载，不过因他事而附见的，我们现在看来，倒是极关重要的，要注意加以搜辑，上章所述的裹蒸和起面饼，似乎就是一个例子。所以求状况的格言，是"重常人，重常事"，常人、常事是风化，特殊的人所做的特殊的事是山崩。不知道风化，决不能知道山崩的所以然，如其知道了风化，则山崩只是当然的结果。

搜辑特殊事实，以求明了一般状况，这是很难有刻板的方法可说的。大致说起来，亦不外乎所知者博，则所测者确，所以搜辑是最紧要的事。所搜辑的材料，大致说起来，亦可分为物质状况和社会状况二者。譬如古代的地理，和现在不同，就是自然状况有异（譬如古代的长江比现在阔，所以南北战争，长江为天险的性质较后世为甚），住宅、道路等亦然。又如考校某时代的学术思想如何，便可推测其时的士大夫，对于某种政治上的事件，怀抱何种感想？若再博考其时平民社会的情形，则又可推测其时的老百姓，对国事的态度如何？既知道士大夫和老百姓对待国事的态度，就可解释其时政治上某种事件，当局者何以要取某种措置的理由，并可评论其得失。这是举一端为例，其余可以类推。"折戟沉沙铁未销，自将磨洗认前朝"，知道古今兵器之不同，则其战术的不同，亦只是当然的结果，如风化之于山崩而已。

2. 研究历史的方法

历史的性质，及其发展的经过，和现在的观点，已经大略明白了，那我们就可以进而谈历史的研究方法了。

2.1 具有现代科学的常识是研究历史的首要条件

现在要想研究历史，其第一个条件，就是对于各种科学，先得要有一个常识。治史学的人，往往以为社会科学是紧要的，自然科学则不甚重要，实亦不然。有许多道理，社会科学和自然科学是相通的。如演变的观念，若不知道生物学，就不能知道得真确。又如治历史，要追溯到先史时代，则史家对于地质学，岂能茫无所知？这是举两端为例，其余可以类推。所以治史学的人，对于现代的科学，都不能不略知大概。否则用力虽深，也和一二百年前的人无以异了，安足称为现代的学问家？固然，各种社会科学，如政治学、法律学、经济学、人生哲学等，和史学的关系更为密切。然只能谓治史学者，对于此等学科，更须有超出常识以外的知识，而不能说此外诸学科，可以并常识而不具。现在再把治史学的人所宜特别加意的几种学科，略说其关系如下：

（1）治史学第一要留意的，就是社会学了。

历史是研究整个社会的变迁的，任何一种事件，用别种眼光去解释，都只能得其一方面，惟社会学才可谓能揽其全。而且社会的变迁发展，是有一定的程序的，其现象似乎不同，其原理则无以异。明白了社会进化的法则，然后对于每一事件，都能知其在进化的长途中所具有的意义：对于今后进化的途径，自然也可以预测几分。如蛮族的风俗，昔人观之，多以为毫无价值，不加研究。用社会学的眼光看起来，则知道何种社会有何种需要，各种文化的价值，都是平等的，野蛮民族的文化，其为重要，正和文明民族一样。而且从野蛮时代看到文明时代，更可知道其变迁之所以然。所以我曾说：近代的西人，足迹所至既广，他们又能尊重科学，为好奇心所驱迫，对于各种蛮族的风俗，都能尽量加以研究，这个对于史学的裨益，实非浅鲜。因为它在无意中，替我们把历史的年代延长了，现代蛮族的情形，和我们古代的情形相像，看了它，就可追想我们古代的情形了，所以说是历史年代的延长。就是使我们的知识加几倍的广博。这亦是举一端为例，其余可以类推。

（2）把历史的年代延得更长的，就是考古学了。

史学家说："假定人类的出生，有二十四万年，我们把一日设譬，则每小时要代表二万年，每一分钟要代表三百三十三年，最古的文化，在十一点四十分时候才出现；希腊文化，离现在只有七分钟；蒸汽机的发明，则只有半分钟而已。所以通常所谓古人，觉得他和我们相离很远的，其实只是同时代的人。"这种说法，所假定的人类出生的时期，为时颇短，若取普通的说法，很有加长一倍的可能，那我们历史上的文化，更浅短得不足道了。然即此假定，亦已足以破除普通人的成见了。

（3）自然科学中，对于历史关系最密切的，自然是地理学。

这因为人类无一息之间，能不受自然的影响，而地理学是一切自然条件的总括。这种道理，在现今是人人知道的，无待再说。但在历史上，地理形势不必和现在相同，把现在的地理情形，去解释史事，就要陷于误谬了。所以治史学者，对于历史地理，不能不有相当的知识。其中最重要的，就是要知道各时代地面上的情形和现在不同的，因以推知其时的地理及于其时人类的影响和现在的不同。钱君宾四曾对我说，有意做这样一部书，这是极紧要极好的事情，然此事恐不易成。不可如从前人但偏于兵事上的研究。

（4）治史学的人，虽不是要做文学家，然对于文学，亦不可不有相当的了解。

其中：

a. 是训诂。这在治古史，是人人知其重要的，然实并不限于此。各时代有各时代的语言，又有其时的专门名词，如魏、晋、南北朝史中之宁馨、是处、若为，《宋史》中的推排、手实、称提等都是。宁馨犹言这个。是处犹言处处。若为即如何的转音。推排是查轧的意思。手实是按一定的条件，自行填注。称提乃纸币跌价，收回一部分，以提高其价格之意。这些实该各有其专门的辞典。

b. 文法，亦是如此。这个在古代，读俞樾的《古书疑义举例》可知，后世亦可以此推之。

c. 普通的文学程度，尤其要紧。必能达到普通的程度，然后读书能够确实了解，不至于隔膜、误会。况且在古代，史学和文学关系较深，必能略知文学的风味，然后对于作史者的意旨能够领略。

晚出《古文尚书》的辨伪，可谓近代学术界上的一大公案。最初怀疑的朱子，就是从文学上悟入的。他说："《今文尚书》，多数佶屈聱牙，《古文尚书》则无不平顺易解，如何伏生专忘掉其易解，而记得其难解的呢？"清朝的阎若璩，可说是第一个用客观方法辨《古文尚书》之伪的人，到他出来之后，《古文尚书》之为伪作，就无复辨解的余地了，而他所著的《古文尚书疏证》中有一条，据《胤征》篇的"每岁孟春"句，说古书中无用每字的，因此断定其为魏、晋后人的伪作。

宋朝的王应麟，辑鲁、齐、韩三家《诗》，只辑得一薄本，清朝的陈乔枞所辑得的，却比他加出十倍。陈乔枞的时代，后于王应麟有好几百年，只有王应麟时代有的书，陈乔枞时代没有，不会有陈乔枞时代有的书，王应麟时代没有的，巧妇难为无米之炊，陈乔枞有何异术，而能所得的十倍于王应麟呢？那是由于古书有一种义例，为陈乔枞所知，而王应麟所不知。原来自西汉的今文经学以前，学术的传授，都是所谓专门之学，要谨守师法的。这所谓专门之学，与现在所谓专门之学，意义不同，非以学问的性质分，而以其派别分。所以师徒数代相传，所说的话，都是一样。我们固可因历史上说明甲系治某种学问，而因甲所说的话，以辑得某种学问的佚文，并可以因乙所说的话和甲相同，而知道乙亦系治某种学问。如是再推之于丙、丁等等，其所得的，自非王应麟所能及了。然则甲、乙、丙、丁等所说的话的相同，并不是各有所见，而所见者相同，还只是甲一个人所说的话。

我们治古史，搜罗证据，并不能因某一种说法主张者多，就以为同意者多，证据坚强，这亦是通知古书义例，有益于史学的一个证据。

2.2 预知史学的观念是研究历史的次要条件

讲学问固不宜预设成见，然亦有种重要的观念，在治此学以前，不可不先知道的，否则就茫无把握了。这种重要的观念，原只是入手时的一个依傍，并没叫你终身死守着他，一句不许背叛。现在就史学上的重要观念，我所认为读史之先，应该预先知道的，略说几条如下：

其中第一紧要的，是要知道史事是进化的，打破昔人循环之见。

有生命之物，所以异于无生物；人所以特异于他种生物；就在进化这一点上。固然，世界上无物不在进化之中，但他种物事，其进化较迟，在一定的时期中，假定它是不变的，或者尚无大害。人类的进化，则是最快的（每一变动，必然较从前有进步，有时看系退步，然实系进步所走的曲线），这种现象，实在随处可见。然人类往往为成见所蔽，对于这种真理不能了解。尤其在中国，循环的观念人人甚深。古人这种观念，大概系由观察昼夜、寒暑等自然现象而得，因为此等现象，对于人生，尤其是农、牧民族，相关最切。这其中固亦含有一部分的真理，然把它适用于人类社会就差了。粒食的民族，几曾见其复返于饮血茹毛？黑格尔的哲学，徒逞玄想，根脚并不确实；而且不免偏狭之见；有何足取？然终不能不推为历史哲学的大家，而且能为马克思的先导，就是因为他对于历史是进化的见解，发挥得透彻呀！

第二，马克思以经济为社会的基础之说，不可以不知道。

社会是整个的，任何现象，必与其余一切现象都有关系，这话看似玄妙，其实是容易明白的，佛家所说的"帝网重重"，就是此理。帝字是自然的意思，帝网重重，犹言每一现象，在自然法中，总受其余一切现象的束缚，佛家又以一室中同时有许多灯光，光光相入设譬，亦是此意。然关系必有亲疏（亲疏，就是直接、间接），影响亦分大小。地球上受星光之热亦不少，岂能把星光的重要，看作和太阳光相等？把一切有关系的事，都看得其关系相等，就茫然无所了解，等于不知事物相互的关系了。如此，则以物质为基础，以经济现象为社会最重要的条件，而把他种现象，看作依附于其上的上层建筑，对于史事的了解，实在是有很大的帮助的。但能平心观察，其理自明。

第三，近代西洋科学和物质文明的发达，对于史事是大有影响的。

人类最亲切的环境，使人感觉其苦乐最甚的，实在是社会环境，这固然是事实，然而物质环境既然是社会组织的基础，则其有所变动，影响之大，自更不容否认。在基础无甚变动时，上层建筑亦陈陈相因，人生其间的，不觉得环境有何变动，因亦认为环境不能使之变动，于是"世界是不变的"；"即有变动，亦是循环的"；"一切道理，古人都已发现了"；"世界永远不过如此，无法使之大进步，因而没有彻底改良的希望"；这种见解，就要相因而至，牢不可破了。科学发达了，物质文明进步了，就给这种观念以一个大打击。惟物质文明发达，而人类制驭自然之力始强，人才觉得环境可以改变；且可用人类的力量使之改变，人类因限于物质所受的种种苦痛，才觉得其有解除的可能。惟物质文明发达，而社会的组织亦随之而大变，人才觉得社会的组织亦是可变的，且亦可以用人类的力量使之改变的。又因物质文明进步所招致的社会变迁，使一部分人大感其痛苦，人才觉得社会实有加以改革的必要。惟物质文明发达，才能大变交通的情形，合全球为一家，使种种文化不同的人类合同而化。惟科学发达，人才不为浅短的应用主义所限，而知道为学问而学问的可贵，而为学问而学问的结果，则能有更精深的造诣，使人类的知识增加，而制驭事物之力，亦更因之而加强。人类的观念，毕竟是随着事物而变的。少所见多所怪的人，总以为西洋和东洋有多大的差异，闻见较广的人，就不然了，试将数十年以前的人对于外国的见解，和现在人的见解，加以比较便知。然不知历史的人，总还以为这小小的差异，自古即然，知道历史的人，见解就又不同了。西洋现在风俗异于中国的，实从工业革命而来，如其富于组织力，如其溺于个人的成功都是。前乎此，其根本的观念，原是无大异同的。所以近代西洋科学及物质文明的发达，实在是通于全世界划时期的一个大变。

第四，崇古观念的由来及其利弊，亦不可不加以研究的。

人人都说：中国人崇古之念太深，几以为中国人独有之弊，其实不然。西洋人进化的观念，亦不过自近世以来。前乎此，其视邃古为黄金时代；其谓一切真理皆为古人所已发现；亦与中国同。而且不但欧洲，世界上任何民族，几乎都有一个邃古为黄金时代的传说，这是什么理由呢？崇古的弊病，是很容易见得的。一九四五年之后，只会有一九四六年，决不会有一九四四年，然而一九四五年的人，是只会知道一九四四年以前，决不会知道一九四六年以后的。所以世界刻刻在发展出新局面来，而人之所以应付之者，总只是一个旧办法。我们所以永远赶不上时代，而多少总有些落伍，就是为此。这固然是无可如何的事，然使我们没有深厚的崇古观念，不要一切都以古人的是非为标准；不要一切都向从前想，以致养成薄今爱古的感情，致理智为其所蔽；总要好得许多。然而人却通有这种弊病。这是什么理由呢？难道崇古是人类的天性么？不，决不。人类的所以崇古，是有一个很深远的原因的。人类最亲切的环境是社会环境，使人直接感觉其苦乐，前文业经说过了。在邃古之世，人类的社会组织是良好的，此时的社会环境亦极良好。后来因要求制驭自然的力量加强，不得不合并诸小社会而成为大社会，而当其合并之际，没有能好好的随时加以组织，于是人类制驭自然之力逐步加强，而其社会组织，亦逐步变坏，人生其间的，所感觉的苦痛，亦就逐步加深了。人类社会良好的组织，可以说自原始的公产社会破坏以来，迄未恢复。而其从前曾经良好的一种甜蜜的回忆，亦久而久之未曾忘掉。于是大家都觉得邃古之世，是一个黄金时代，虽然其对于邃古的情形并不清楚。这便是崇古主义的由来。是万人所共欲之事，终必有实现的一日的，虽然现在还受着阻碍。明乎此，则知今日正处于大变动的时代之中，但其所谓变动，必以更高的形式而出现，而非如复古主义者之所想象，这便是进化的道理。

以上所述，自然不免挂一漏万，然而最重要的观念，似亦略具于此了。

2.3 研究出社会的法则是史学的最大任务

社会科学，直至今日，实在本身并没有发现甚么法则。一切重要观念，多是从自然科学中借贷而来的。并非说全没有，但只是零碎的描写，没有能构成条理系统。前叙循环等观念，根本是从观察无生物得来的无论矣，近代借径于生物学等，似乎比古人进步了，然亦仍有其不适用之处。无论其为动物，为人，其个体总系有机体，而社会则系超机体，有机体的条例，亦是不能适用于超机体的。如人不能恒动不息，所以一动之后，必继之以一静；社会则可以这一部分休息，那一部分换班工作，所以一个机关可以永不停滞，这便是一个例。所谓社会科学，非从感情上希望其能够如何，更非从道德上规定其应当如何，而是把社会的本身，作为研究的对象，发现其本身是如何、可以如何的问题。这便是第一节所说的学，而指导其应该如何，则只是第一节中所说的术。术是要从学生出来的，而我们自古至今，对于社会的学，实在没真明白过，所以其所谓术，也从来不能得当。一般对于社会的议论，非希望其能够如何，则斥责其不当如何，热情奎涌，而其目的都不能达到，如说食之不能获饱，试问竟有何益？社会学家说得好："社会上一切事都是合理的，只是我们没有懂得它的理。"这话深堪反省。努力研究社会，从其本身发现种种法则，实在是目前一件最为紧要的事，而这件事和史学极有关系，而且非取资于史学，是无从达其目的的，这便是史学的最大任务。

2.4 史家与读史

人的性质，有专门家和通才之分。在史学上，前者宜为专门史家，后者宜为普通史家。人固宜善用其所长，然亦不可不自救其所短。专门家每缺于普遍的知识，所发出来的议论，往往会荒谬可笑。这是因为一种现象的影响，只能达到一定的限度，而专门家把它看得超过其限度之故。普通史家自无此弊。然普通史的任务，在于综合各方面，看出一时代一地域中的真相，其所综合的，基础必极确实而后可，如专门的知识太乏，又不免有基础不确实的危险。所以治史学者，虽宜就其性之所长而努力，又宜时时留意矫正自己的所短，这亦不可不知。

读历史的利益何在呢？读了历史，才会有革命思想。这话怎样讲呢？那就是读了历史，才知道人类社会有进化的道理。从前的人，误以为读了历史，才知道既往，才可为将来办事的准则，于是把历史来作为守旧的护符，这是误用了历史的。若真知道历史，便知道世界上无一事不在变迁进化之中，虽有大力莫之能阻了。所以历史是维新的证佐，不是守旧的护符。惟知道历史，才知道应走的路；才知道自己所处的地位；所当尽的责任。

有人说："历史上的因果关系，是很复杂的，怕非普通人所能明白，而普通的人对于历史，也不会感觉兴味。"这话亦不尽然。今日史事的所以难明，有些实在由于因果关系的误认。譬如政治久已不是社会的原动力了，有些人却偏要说：国家的治乱兴亡，全由于政府中几个人措置的得失。这种似是而非的话，如何能使人了解？如其是真实的："现代机械的发明，到底足以使人的生活变更否？""机械发明之后，经济组织能否不随之而起变化？""资本主义，能否不发达而为帝国主义？""这种重大的变化，对于人类的苦乐如何？""现在的社会，能不革命否？"这些看似复杂，而逐层推勘，其实是容易明白的，何至于不能了解？都是和生活极有关系，极切近的事情，何至于没有兴味？

3. 作史的方法

作史，似乎是研究历史的人所谈不到的，然而现在的历史，正在要重作之中，惟其知道作史的方法，才能知道研究的方法，所以作史的方法，也不可以不一谈。

3.1 作史三步骤：搜辑、考订和编纂

历史该怎样作法呢？那在理论上是无疑义的。第一，当先搜集材料。第二，当就所搜集得的材料，加以考订，使其正确。然后第三，可以着手编纂。

史事的搜辑、订正，是永无穷期的。外行的人，往往以为："历史的材料，是一成不变的。至多（1）有新发现的事实，加一些进去；（2）旧材料不完全，不正确的，被发现了，则加以补充，加以订正；如此而已。这两者都不能多，所以历史的材料，从大体上可以说是固定的，无甚变动。"这种见解，其实是错误的。

历史上的年代如此之长，事实如此之多，即使我们所搜辑的范围，和从前人一样，亦不易有完备之日。何况研究的

范围，是时时变动的，无论你方法如何谨严，如何自许为客观，人于研究范围之内的，总是反映着其时代所需要。一物有多少相，是没有一定的，有多少人看，就有多少相，因为没有两个看，能占同一的空间与时间。看的人没有了，就相也没有了。哲学家说："世界上没有两件相同的东西，因为至少它所占的时间或空间是两样。"然则以不同地域、不同时代的人，看起历史上的事件来，其观点如何会相同？观点不同，其所见者，亦自然不同；所觉得要补充，要删除的，自亦随之而异了。所以史学一日不息，搜辑之功亦即一日而不息。

这话或者说得太玄妙些，然即使浅而言之，现代各种科学勃兴，我们从前不甚注意，不甚了解的事实，现在知其重要的何限？岂能摒诸研究范围之外？然则史学的范围，安得而不扩充？范围扩充，搜辑的工作，安能不随之而增加呢？科学的进步永无止境，史家搜辑的工作，自亦随之而无穷了。至于订正，则从前人的记载错误的，见解不正确的，浅而言之，即随处可见。此等或可说：终有订正至正确的一日，而有的或竟无法可想了，则订正亦似有穷期。其实亦不然。真正客观的事实，是世界上所没有的。真正客观的事实，只是一个一个绝不相联属之感觉，和做影戏所用的片子一般，不把它联属起来，试问有何意义？岂复成为事实？所谓事实，总是合许多小情节而成，而其所谓小情节，又是合许多更小的情节而成，如是递推，至于最小，仍是如此。其能成为事实，总是我们用主观的意见，把它联属起来的。如此，世界上安有真客观的事实？既非客观，安得云无变动？这话或者又说得太玄妙些，然而一件事实的真相，不但限于其外形，总得推见其内部，这总是人人可以承认的，如此，则因社会状况的不同，人心的观念即随之而变，观念既变，看得事情的真相，亦就不同了。譬如在从前尊信士大夫阶级的时代，看历史上的党争，或以为一方面确系君子，一方面实属小人；或以为两方面都系君子，出于误会。到现在，知道了阶级的性质，就知道无论哪一方，不会全是君子，其中真为国家、社会起见的，总不过是极少数人了。史事的订正，又安有穷期呢？搜辑永无穷期，订正永无穷期，历史的当改作，即已永无穷期，何况历史不是搜辑、考订了便算了事的，还要编纂成功，给大家看，而看的人的需要，又是随时不同的，然则历史安得不永远在重作之中呢？

3.2 作史的具体方法

以上所说的都是原理，以下且谈些具体的方法。

（1）搜辑的方法

搜辑的对象，当分为书本和非书本二者。

非书本之物，即：a. 人类的遗骸，b. 古物，c. 法俗。此当随时搜辑，其最重要的来源，为 d. 考古学上的发现，及 e. 各种新调查。这二者，在现在的中国，材料还不多，我们只能尽其所有，充分的加以利用。

书本上的材料，则可谓汗牛充栋。一个人的研究，总有一个范围（如划定时间、地域，或择取某一事件等）。在范围内的材料，自然有一个限度。但这种材料，很难断定某一部书内没有，于是每研究一个题目，就非把所有的书看遍，或看其十之七八不可，此岂人力所能及。从来著书的人，无论如何勤苦，怕也没人敢说：材料的搜辑，业已一无遗漏，或者十得八九的。然而考证上的事情，往往多一条证据，少一条证据（如发现不足信的材料，抽去一条），事相即为之大变，材料的搜辑不能完全，总是史学家一个遗憾。然则如之何呢？绝对的理论上的完备，自然是不可能的，然亦总得尽我们之力，做到大体上没有遗憾的地步。如此说来，则我觉得史料汇编，在今日实为当务之急。

所谓史料汇编，便是把每一个题目（无论其为时间别、地域别或择取某事件），遍览群书，把其中有关系的，都抄录下来，注明篇名卷数或页数，及所据的版本（不同的刻本，须互相校勘，见于类书或他书所征引者亦然，所以又涉及校雠问题）。此自非一二人之力所能及，当集群力，以大规模的组织行之。此即昔人编纂类书之法。

中国历代，多有大类书的编纂。从魏朝的《皇览》，到清朝的《图书集成》。这能替研究学问的人，把他所需要的材料，汇集在一处，省却他自行搜辑之劳，所省下来的工夫，就可用之于研究上了，其用意实为最善，惜乎其所编纂的，都不甚佳而已。因为私人之力不及，而官修之书，又每不尽善。

在现代，实在各种学问，都当以此法行之，而史家相需为尤急。论整理国故的人，总说旧学术要算一笔总账，编类书亦是算总账最好的法子。编纂史料汇编，当用前人作史抄的方法。所谓史抄，是把从前人的著作，依着我所定的条理系统，抄集下来的。不改动原文。但遇两书材料相同的，则去其重复，然亦仍须注明。如《史记》与《汉书》，《宋》《齐》《梁》《陈》《魏》《周》《隋书》与《南北史》是。有一字的异同，亦须注明，无之则但注某书某篇同。有须删节处，亦须注明删节。总使人家看起来，和看原书一样。

为什么必要用这种体例呢？那是因为读史总要据原始材料的；而且有许多地方，史事的真相，就是据字句推勘而得；所以字句一有变动，又要生出一番校勘之劳，这个殊犯不着，所以要一概照抄，如有意见，则另注于下。善用这种体例的，亦可以成为著作，如马骕的《绎史》，便是一个例子。罗泌的《路史》，材料实较《绎史》为丰富而可贵，如用《绎史》的体例作成，当更可贵。

此种书籍，能合群力为大规模的编纂固佳，即私人亦未尝不可为。那便是：

a. 择定一个题目，罄毕生之力而为之，尽其所能，做到什么地步是什么地步，其未竟之绪，则留待后人赓续。

b. 或者选定若干部书，把它分门别类的抄撮起来，抄得几部是几部。这种办法，对于一个题目，固然极不完全，然使各种书籍都有人抄，而所定的门类，又大致相等（如能划一，自然更好，但恐不易办到，即亦不必勉强），则合而观之，亦不啻一完备的史料汇编了。

驳我的人要说道："彰明较著，一望而知为与某题目有关系的材料，固然可以集众或由有志的人汇抄。然而史学的进步，总是从众所不能见，即置之眼前，亦不能知其有何关系的材料中得来的，此岂非专家所能着手？"这话固然不错。然此乃无可如何之事。汇抄之作，原只能省众所共见的材料的搜辑，然把这种工夫，替研究者省下来，所得业已不少。外国学者著书，往往有延聘助手代其搜辑材料的，就是为此。

何况专家新发明、新订正的史料，我们亦可分类抄撮呢？

（2）考订的方法

考订史事的方法，外形上记载的同异，是容易见得的，只要搜辑得完备，校勘得精细。但现在所当致力的，殊不限于此。

大抵原始的史料，总是从见闻而来的，传闻的不足信，人人能言之，其实亲见者亦何尝可信？人的观察本来容易错误的。即使不误，而所见的事情稍纵即逝，到记载的时候，总是根据记忆写出来的，而记忆的易误，又是显而易见的。况且所看见的，总是许多断片，其能成为一件事情，总是以意联属起来的，这已经掺入很大的主观的成分。何况还有没看见或忘掉的地方，不免以意补缀呢？这种错误，是无论何人不能免掉的，如其要免掉，那就世界上没有史事了。

这还是得之于见的，其得之于闻的，则传述者又把这些错误一一加入。传述多一次，则其错误增加一次。事情经过多次传述，就无意间把不近情理的情节删除或改动，而把有趣味的情节扩大起来。看似愈传述愈详尽，愈精彩，实则其不可信的成分愈多。

这还是无意的，还有有意的作伪。那便是：a.伪造假的事实，b.抹杀真的事实，如清朝人的烧毁书籍，改作实录，就是其例子。这是有所为而为之的，还有 c. 无所为而出于游戏性质的。如东晋晚出的伪《古文尚书》，到底是何人所造，至今很难论定。程鱼门《晚书订疑》说它是游戏的拟作，其说亦颇近情理，此说如确，就是一个很好的例子了。古今来的伪书，亦可说是汗牛充栋。辨伪之法，近人论者颇多，此书为篇幅所限，不再详述。

以上所述，实在还都是粗浅的，若论其精微的，则凭你一意求真，还是不能免于不确实，虽然你已小心到十二分。因为人的心理，总有一个方向，总不能接受和这方向相反的事情。所以又有许多真确而有价值的事情，为你所视而不见，听而不闻了。心理上这种细微的偏见，是没有彻底免除的可能的；就要洗伐到相当的程度，也很不容易。读《文史通义》的《史德》篇可见。史事的不足信如此，无怪史学家说："历史只是大家同意的故事"了。史学家为求真起见，在这上面，就得费掉很大的工夫。

（3）阐述史实、编纂史书

史料的真伪，鉴别、考订得觉其大体可信了，然后我们可进而批评史事。历史上任何事件，把现在的眼光看起来，总觉得其不甚可信。明明是个大公无私的人，反说得他诈伪阴险（如往史之于王安石），明明是件深曲隐蔽之事，说来反觉得其浅显易明；这些真是随处可见。而只知其外表，不知其内容的，更不知凡几。读史者于此，往往模模糊糊，不加注意；或则人云亦云；其偶有所见的，又或痛诋古人的错误，其实此亦不然。一件事，所能看见的，总只是外形，其内容如何，总得由观察者据着外形去推测。我们该尽我们考证之所能，推测之所至，尽量的把史事的真相阐发出来。不过推测总只是推测，不能径认为事实而已。在这一点上，昔人著述的体例，未尽善处很多，实有改良的必要。

历史不但因时代而不同，其所悬拟的读者，亦各不同。各种不同的读者，而只供给他一种书，是不很适宜的。如《资治通鉴》，本意系供君主阅览；以供平民阅览，实不尽适宜。就供给一种人看的历史，也应有几种同时并行，以资参证；而作史者亦得各抒所见；这是于史学大有裨益的。其好坏，最好任人评论。从前功令，定某种书为正经正史，使人把它的价值，看得特别高，这种办法颇不适宜。我们当祛除成见，平等相看，其信否的程度如何，一以我们按照严格的史学方法所评定者为断。

（此篇节录自《吕著史学与史籍》一书，
华东师范大学出版社，2002年版，标题系编者所加）

十、怎样学习国文

光华大学从设立以来，就有基本国文一科，究竟怎样的国文，才可称为"基本"呢？

古人有言：要摇动一棵树，枝枝而摇之则劳而不遍，抱其干而摇之，则各枝一时俱动了。一种学问，必有其基本部分，从此入手，则用力少而成功多（古人这句话，就是现在经济学上所谓以最少的劳费，得最大的效果）。各种学问都是如此，国文何独不然。所以研究国文，亦必有基本部分，研究之时，应当从此入手，这是毫无疑义的，常识可明，不待费词。研究国文，有基本部分，是容易明白的，但是国文之中哪一部分是基本，这话就难说了。

1. 国文的复杂性

研究国文，为什么要把他分做许多部分，而判定其孰为基本呢？这是由于国文的本身，异常复杂之故。国文的本身，为什么会复杂呢？这是由于其为"堆积"之故（从前金世宗是热心提倡女真文的，他兼用汉文和女真文开科取士，觉得女真文总不如汉文的精深。他就问他的臣下，这是什么理由？有一个人回答说，这是由于女真文行用日浅之故，倘使假以时日，自然会逐渐精深的，就合于这个道理）。

文字是代表语言的，语言是代表意思的。人的意思，是随着时代而变迁的，意思变，当然语言不得不变，语言变，当然代表语言之文字亦不得不变，这亦是当然易明的道理。但是新的既兴，旧者为什么不废呢？这又因为社会的文化非常复杂，新者既兴，旧者仍自有其效用之故。人之所以异于别种动物，根本就是靠语言，因为有语言，所以这个人所会的，可以教给别个人，前人所会的，可以传给后来的人，不必人人从头做起，所以其所成就者大。

但是单有了语言，还是不够，因为其所达到的空间，和所占据的时间太少了。试将我们现在所有的书，和我们所能记得的书比较，便可明白此中的道理。记忆力是有限度的，我们能正确记得的，加上我们所能模糊记得的，便是我们记忆力的限度，超出这限度以外，就是靠文字替我们保存下来，倘使没有文字，这一部分就要先亡，或者虽不先亡，而大减其正确性（古书所以多不正确，即由其本为口传之故）。

文字是有形的，固定的，靠着它固定，所以能将许多东西替我们正确保存下来，而不至走样。然亦因其固定，所以其所保存的，仍是异时代人的语言，而不能转变为今人的语言，这种异时代的知识和材料，既是有用的，而又不能不用异时代的语言保存下来，于是异时代的语言，在现代就仍有其用了。

2. 三种国文与基本国文

国文的种类，虽极复杂，然从其理论上言之，则可把它分做三种：（1）与语言相合的；（2）有一部分与语言不合的；（3）介乎二者之间的。所谓合不合，是要兼（1）词类，（2）语法，（3）说话的顺序言之。在文字中谓之字法、句法、篇法。举一个例：如桌子板凳，直说桌子板凳，就是甲种；改作几席，就是乙种。又如说没有知道这件事，是甲种；说未（没有）之（这件事）知（知道），就是乙种。这是就字法、句法立论，篇法较为难见，然就古人的文章，仔细推敲，设想这一篇话，改用口说，或者用白话文写出来，其次序应否变更，也是很容易悟入的。丙种文字，并不是说某一部分同于甲种，某一部分同于乙种，倘使如此，那就仍是甲种乙种了。丙种文字的特色，就在于它可彼可此，譬如桌子板凳，说桌子板凳，固然可以，说几席亦无不可，全在因事制宜。试再举一个例：譬如我们现在做普通文字，说敬老之礼，《礼记》里的"谋于长者，必操几杖以从之"；"侍坐于所尊，敬毋余席"是没有什么不可以引用的。当这情形之下，决不能把几席改作桌子板凳。然若甲、乙两人，隔着桌子斗口，甲提起板凳来，撞伤了乙，那就决不能把桌子板凳，改成几席了。做甲种文字，引用古书，虽无不可，然以口语文体论，至少应用之后，是应得再加以解释的，未免累赘。若乙种文，桌子板凳，就绝对不能用。所以文字的应用，以乙种为最广，这是社会上的事实，向来如此的，而事实之所以如此，正非无故而然。

然则基本国文，岂不就是丙种么？这又不然，照前文所讲，很容易见得丙种文字，就是甲、乙两种之和，其自身是本无其物的。要学文字，只能就甲、乙两种中，择定其一，简而言之，就是单学语体文，还是连不与现行语言相合的文章也要学。

仔细想起来，上文所说的甲、乙两种文字，也只是理论上的分类，事实上，很难划定界限的，因为现代人的语言，也是各自不同。古书上的名词和句法，不见之于普通人口中的，仍可出诸文人学士之口。我们不能说普通人所说的是现代人的语言，文人学士所说即非现代人的语言，因为他明明是现代人。然则现代人的语言，也显分两种，一种是范围较狭的，我们假定，以"人人能说，人人能听得懂"，做他的界限，亦即以此为甲种文字界限，则出于此界线之外的，就不能不承认其侵入乙种文的范围了。研究学术的人，当然不能认此所定甲种文之范围内之语言，为已足于用，则其使用，势必侵入乙种的范围，使用既须及于乙种，当然学习亦不能不及于乙种了。而且严格言之，甲种文字，既经识字，既会说话，本是无须学得的，所以所谓国文的基本部分，必须于乙种文中求之。

3. 国文的发展流变

但是乙种文字复杂已极，我们究取其哪一部分，作为基本呢？说到此处，即不能不略有文学史的眼光。从来浅见的人，每以为原始的文章，必是和语言合一的，到后来渐渐分离，其实不然，文字的源起，并非代表语言，实与语言同表物象（实系人之意象），这是小学上的话，现在不能深论，然其说据，实甚确凿，无可怀疑的。文字既非代表口中的一音，当然用文字写成的文章亦非代表口中的一篇话。所以各国文学发达的次序，韵文都早于无韵文（因为文学史的初期，并没有照人类口中的言语记录下来的文字）。

我国现存的先秦古书，其中都显然包含两种文字：（1）是句子简短整齐而有韵的，（2）是句子较长，参差不齐，而无韵的。后一种分明是只依据语言，而其发达的时代较后，据现存的书看起来，其发达大约起于东西周之间，而极盛于前汉的中叶，到前汉的末叶，文章又渐渐地改观了。为什么改观呢？这是由于言文本无绝对的合一，其理由是说话快，写文章慢，听话的时间短，看文章的时间长；所以一个人说出来的话，和写出来的文章，本不会一致的，而在应用上，照说出来的话，一个个字的写在纸上给人家看，人家必觉得不清楚，甚而至于看不懂，把一篇写出来的文章，一句一句念给人家听，人家也一定觉得不痛快，甚而至于听不懂的。其所以然，（1）因语言的句子冗长，而文字简短；（2）由语言每多重复，而文字较为简净之故（即由说话快，写文章慢，听话快，看文章慢之故。因为说话既快，倘使句子又短，听的人就来不及了解了。文章有形迹而语言过而不留，听到后文，须回想前文之际，文章可以复看，语言则不能。所以说的人不得不再行提及，甚或屡屡提及，此等语法，在文字中，即所谓复笔。然较语言则远少）。所以文字语言，原始本非合一，即到后来，文字从不代表语言而进化到代表语言之后，仍不是完全一致的，既非完全一致，自然要分途发达了。

分途发达之际，文字向哪一方面走呢？那自然向美的方面走，何谓美？各时代的标准是不一致的。在当时，则以（1）句法简短整齐；（2）用字美丽者为美。循（1）此之趋势而前进，势必至于字眼典故，愈用愈多。汉、魏、晋、宋、齐、梁之文，愈后而其浮靡愈甚者，即由于此。此时代之所谓文，已全与口语不合，达意述事都不适用，即言情亦不真切。言情尚可勉强，达意述事，是不能一日而废的；汉魏文字已不自由，晋宋尤苦扦格，到齐梁则竟不能用了。起而弥其缺憾的，乃有所谓笔。笔是（1）不禁俗语俗字；（2）在原则上亦不用词藻，但其语调仍近于文，与口语不合，故在应用上，仍觉不便。

凡事都是动荡不定的，而亦总有趋中性，正像时钟上的摆，向两面推动，达于极度，则又回过头来，文章之自质朴而趋华美，自华美而后返于质朴亦然。南北朝末年，文章华靡极了，自然要有反动，当这时代，可走的路有二：（1）径用口语；（2）以未浮靡时之文为法。（2）又分为 a. 径说古人的话，b. 用古人说话之法，来说今人之话两端。（1）本最痛快、最质朴，但前所言甲种之文，既不够用，而是时文字，又非通国人所使用，而实为一部分人所使用，这一部分人，正是所谓有闲阶级，他们既不喜欢极度的质朴，而且既有余闲，亦不要以前所述之甲种文字为基本，所以这条路是走不通的。（2）中 b 本最合理，但改革初期的人，却竟想不到，于是竟走 a 路，如苏绰的拟《大诰》，乃是一极端的例。唐初的古文，还多是涩体，亦由于此。直到唐中叶，韩柳辈出，才专走 b 路，用不浮靡时代说话之法以说话，其所说的话，自然不致浮靡，而所说的话，自然以之达意述事而便，以之言情而真了。改革的运动，至此乃告成功。

此项文字，是废弃西汉末年以来的风尚，而以东周至西汉中叶之文字为法，其时代较早，所以被称为"古文"，然文学是堆积的，新者既兴，旧者不废，所以自汉魏至齐梁之体，依然与之并行，人遂称此种文字为骈文，而称新兴的文体为散文。散文既兴，骈文就只占文学里的一小部分，普通应用，全以散文为主了。练习国文，无疑的当以此为主。

4. 当前国文教学中存在的问题与改正的方法

但是所谓散文，包括（1）自东周至西汉，（2）自汉中叶至今的文字，其数量，也是非常之多的。我们又拣出哪一部分，作为学习的基本呢？于此，又有一个问题，我们常听见人说，"学校里的国文成绩不如私塾"这句话，固然由于守旧的人，故意把学校里的国文成绩压低，把私塾的国文成绩抬高，然平心而论，亦不能不承认其含有几分真实性；详言之，则学校国文的成绩劣于私塾是事实，不过其优劣之相去，不如此等人所言之甚而已。

学校的国文成绩，为什么会劣于私塾呢？最易得的答案，是练习时间的少。单就国文一科而论，这自然是事实，但是各科的成绩，是相贯并通的，决不能说别种科目的学习，于国文毫无裨益，若合各种科目而论，学校的肄习时间，断不会较私塾为少，所以以文字的高古而论，学校学生是应当逊于私塾学生的，因其所读者多非古书，以识力的充足，理路的清楚而论，学校学生成绩该在私塾学生之上，因其所肄习者多而且真实，然而并不能然。学校里的国文成绩，其内容的贫窘，思想的浮浅和杂乱，形式上则并非不古而实系不通，是无可讳言的。这究竟是什么原故呢？我以为其最大的原因，是由于现在的风气，作事浮而不实；次之则现在的学习国文，讲授所占的时间太多，自习所占的时间太少；再次之，则由于现在的教授国文，不得其法。前两端系另一问题，现在且论第三端。

最为荒谬之论，是把所谓应用文和美术文分开，须知天下只有可分清楚的理论，没有可分清楚的事实。文章是变相的说话，文章做得好，就是话说得好，天下有哪一种说话，能完全和实用离开的？又有哪一种话，完全不须说得好的？所以把应用文和美术文分开，根本是没有懂得文学。所以无论何种文学，苟其是好的，一定是有美的性质，其美的程度的高下，即以所含美的成分的多少为衡，绝不与其文字的内容相涉。这是第一步要明白的道理。

所谓美者，其条件果如何呢？具体言之，则其条件有二，一为势力之深厚，一为音调之和谐。何谓势力？凡说话，都是要刺激起人的想象的，刺激人的力量而强，则谓之势力深厚，刺激人的力量而弱，则谓之势力浅薄。何谓音调？音调就是说话的调儿，文章虽与说话分离，然在根本上始终是一种说话，所以亦必有其调儿。我们通常阅看文字，自己以为没有念，其实无不默诵的；不过其声至微，连自己也不觉得罢了。惟其如此，所以写在纸上的文章，不能没有调儿，如其没有，则大之可以不通，即使人不知其意，小之亦可以不顺，使人欲了解其意非常困难，而且多少有些扞格，此系音调所需的最小限度。若扩而充之，则文章的美术性，要以音调一端为最高尚。凡研究文字，而欲了解其美的，若于音调方面，不能了解，总不算得真懂；若在这一方面，能有真确的了解，别一方面断无不了解之理。因为这是文学最精微而又最难了解的一方面。文章之美，在于势力音调两端，这亦是从理论上分析之论，事实上，断不能将一篇文字，分开了，专领略其势力方面或音调方面的，事实上之所谓美，乃是势力音调的总和。合此诸总和的具体相而言之，则曰神气。这里所用的神气两字，并无深意，就和俗话中所用的神气两字一般，即合诸条件所成之具体相。此相固系合诸条件而成，然断非此诸条件之总和。譬如一个人的相，固系合其五官、四肢、言语、举止等而成。然我们认识一个人，断非就此诸端，而一一加以辨认，乃系看此诸端所合成的总相。所以一个熟人，远远走来，五官四肢，尚未辨别得清楚，我们早已认识他是谁了。因为所看的只是他的神气。文章神气的认识，其义亦系如此。这看似极模糊，实则极正确，而以认识而论，亦是较难的。文字的好坏，亦即判之于此。正如一个人品格的高低，判之于其风度一般。

文章是有个性的，天下断没有两个人的个性是相同的，因亦没有两个人的语言是相同的。文章就是语言，自然各个人的文章神气各不相同了。神气有好的，有坏的，有显著的，有隐晦的。大抵好的文章，其神气总是特别显著，这是各事都如此。譬如不会写字，笔笔描画的人，往往所写的字，极其相像，几于不能辨别，书家决没有如此的。文章亦然，文章的批评究竟有公道呢还是没有？我说，短时期之内是没有，长时期之内是有的。批评之权，本该操之内行之手，但在短时期之内，往往（1）内行的人，并未开口；（2）或虽开口，而未为人所重视;（3）或为他种不正的势力所压。所以作品并无价值，而誉满一时的人很多，此事今古皆然。但在较长时间之内，内行的人，不会始终不开口，苟无别种势力相压，自必为人所重视，而时异势殊，不正当的势力，也总要消散的。所以文章的好坏，历久必有定论。

这种历久受人重视的文章，昔人称为名家、大家，而名家、大家，二者又略有区别。名家是神气极好，然尚不免模仿他人，未能自求一格的；大家则不然。一个大家，必有一个大家特别的面目，毫不与人雷同。所以大家是个性极显著的，名家则未免模仿。名家既系模仿大家，其面目当然可与大家相像。同学一个大家的名家，彼此亦可相像。其实要学名家，径学其所自出的大家好了，即在诸名家之中，亦任择一人皆可学，不必专于一家。大家则不然，他的神气既是独特的，再无人与之相像；其由模仿而得到的，则总不如他的完全，也总不如他的显著；要学文章的人，自以从此致力为宜，所以大家遂成为研究的中心。

学文章与学科学不同，学科学入手所肄习的材料，必取最新之说，学文章则必取这几个大家，即所谓家弦户诵之文，向来肄习国文，即系如此。虽然向来教授国文的人未必都好，然其所取的材料，确是不错的。近来国文的选材，则漫无标准，从最古的书，直至于现代人的作品，而文体亦各种都备。推其意（1）在取人的齐备，以为可以见得各家的作风，（2）在取体制的齐备，以为各种文章，都可以有些懂，（3）在取其内容，以为于教育上有价值。其实各科各有目的，根本不应因副作用而牺牲正主义。至于文章的体制，则各有渊源，非多读古书，明于义例，断难真实了解；断非每种体制，各看一两篇，即可明白。至于作家，则与其将研究之功分散于许多人，不如集中于少数人，由前文所言，已经很可明白了。所以肄习国文，所取的材料，非大为改变不可。

然则在先秦西汉，以及唐以后的文章中，该拣出哪一部分来，以为研究的基本呢？案文章有各种样子，又有两种原因：一种是体裁，一种是个性。

何谓体裁？如《卦辞》《爻辞》，是《易》独有的文体；后人所谓"训诰体"，是《书经》独有的文体；所谓"春秋笔法"，是《春秋》独有的文体。此种差异的起源，乃由古代执笔记事的人，彼此各不相谋，所以各自有其特殊的体制（此种特殊的文体，是各适于其所要记的事，后世倘仍有此等需要，其体制自相沿不废，如其无之，亦即废而不用。譬如《易经》卦、爻辞的体制，除了扬子云等要作《大玄》以拟《易》的人，再没有人去模仿他了。又如《诗经》，后世更无人仿之以作诗，却仿之以作箴铭等韵文，则因某方面的需要，已经消灭，而某方面仍存在之故）。在后世就不然了。文化广被，各种文章的体制，执笔的人，都是看见过的；而其所作的文章，关涉的范围亦广，非如古代的卜人、筮人，只要作繇辞；记事的史官，只要作《春秋》一类的文辞；记言的史官，只要作《尚书》一类的文辞。

于是文辞的体制，不复足为其形式同异的标准，而其判然不同的，乃在于作者的个性（古代的文字，内容实甚简单，所以发挥不出个性来，到后来，内容渐渐丰富，个性即因之显著了。此与说一两句平庸刻板的话，看不出其人的神气，为一小时的讲演，则讲演者个性毕露，正是一理），从东周以后就渐渐入于这种境界了。现在所流传，从东周至西汉的文章，既非纯粹口语，亦非与口语相离甚远的文言，大抵如今浅近文言，或文言化的白话（避去极俗的话，在当时谓之"尔雅"，此亦文字渐与前人之文接近，而与当时人的口语相离的一种原因）。此等文字，较经意着力的，很能显出个性；其随笔抒写，简单而不甚经意的，则各人的面貌相同（此在现代亦然，如任何文学家，使作寻常应用之文，亦与寻常人同）。如刘子政《谏起昌陵疏》《谏外家封事》，都有其特殊的面目，和他家的文章，不能相混。而《新序》《说苑》《列女传》，则和他人的文章，并无区别，即其最好的例（古人之文，不必自作，大抵直录前人之辞，此亦多数古书，面目雷同的一大原因。如《新序》《说苑》《列女传》多有与《韩诗外传》相同的，可见其文既非韩婴所作，亦非刘向所作）。我们的研究，自然是要集中于几种在体制上、在神气上，都有其特殊的样子的。在先秦西汉时期，为几部重要的经、子和《史》《汉》（西汉时代诸大家的作品，大抵包括此两书中，而司马迁、班固，亦各自为一大家）。自唐以后，则普通以韩、柳、欧、三苏、曾、王为八大家之说，我以为颇可采取的。八大家之说，始于茅鹿门。茅鹿门固然不是我们所能十分满意的人，然在唐宋诸作家之中，独提出此八家，则大致尚算不错。试看后来，姚姬传的《古文辞类纂》，称为最佳的选本，然所选的唐以后的文章，百分之九十几，亦是此八家的作品，即可明白。

5. 基本的国文应为一般人学习的工具

以上说了一大篇话，在理论方面，似乎还是有一个立脚点的，但是此等议论，究竟是为哪一种人而发的呢？因研究国文的人很多，其目的，明明是彼此不同的。我以为研究国文的人，大致可分为下列三种：（1）但求略识几个字，免于文盲的；（2）用国文为工具，以求他种学问的；（3）求为文学家的。除第一种人外，（2）（3）两种，我所说的研究方法，都可适用。因为这两种人，其研究的方法，到后来才有分歧，其初步是一样的，此即我所谓基本部分。为什么（2）（3）两种人，同要下这一步工夫呢？其理由，请再加以申说。

文学作品与非文学作品的区别，在用现代语为工具的时候，较易明白，在用非现代语为工具的时候，却是较难明白的。许多人因为不明白这个区别之故，以致误用功力，或其性质本不宜为文学家而枉用工夫；或其性质虽可以为文学家，而误走路径；这个实在冤枉；而在文学批评上，也觉得漫无标准。所以我现在要把它说个明白。

文学作品与非文学作品，当以"雅""俗"为界限。在雅的范围内，无论其美的程度如何，总可认为文学作品的，如其未能免俗，则即有好处，亦不得不屏诸文学范围之外，此即旧文学所谓"谨严"。谨严两字，在现代的批评家，或者是不赞成的，然我以为欲求美，先求纯粹。世界上没有将许多丑恶之物，夹杂在一块而可以为美的。所谓谨严，即系将有累于美之物，严格排除之谓。所以无论新旧文学，谨严两个字的藩篱，是不能破坏的，尤其是古典主义的文学，因为在内容之外，其所使用的工具，即语言，亦有一种雅俗的区别，而此种雅俗的区别，亦颇为难辨之故。然则何谓雅呢？所谓雅，即向来的文学家，公认为可以使用的语言，此亦当兼字法、句法、篇法三者而言之。有等字眼，有等句子，有等说话的顺序，为文学家所公认为不能使用的，则即入于俗之范围，作文学作品时，即不许使用。可用与不可用的标准，固然大体以古不古为主，然古实非其第一标准，因为并非凡古即可用，而新者亦在时时创造。文以达意为主，所以合于实际与否，总是第一个条件。古典主义的文学，对于用语及语法的取舍，只是在可古的时候，必求其古，至于于事实有碍时，亦不能不舍旧而谋新了。此所以非凡古即可用，而新者亦不能不时时创造。所以古典主义的文学，虽然富于崇古的精神；然其所用为去取标准的雅，与古实非一物，不过二者符合之时甚多罢了。二者所以多相符合，亦有其由。因为中国疆域广大，各地方风气不同，在古代，语言本不甚统一（看《方言》一书，即可知此乃各地方的语言，所用的辞类的不统一），而其时的文章，与语言颇为接近，倘使下笔之时，各率其俗而言之，难免别地方的人，看了不能了解，所以尽力使用普通的语言，屏除其方俗所独有者，此即汉人所谓"尔雅"。其后因交通不便，各地方风气，仍不能齐一，此等需要，依然存在，文人下笔的时候，仍必力求人之易解。（1）语言不甚统一，而写在纸上的语言，是久已统一了的，欲求人人共喻，莫如借向来写在纸上的、别人已经用过的语言而用之；（2）亦且一切语言，多能引起粗鄙的想象，及至口中已不使用，或虽仍存在，而读音与语音歧异，不复能知其为一语时，此等粗鄙的想象，亦即不复存在。此其选择的标准，所以虽非求古，而多与古符合之由，然二者究非一物，所以俗语亦在时时引进，并随时创造新词，不过此二者，亦必有其一定的法度罢了。所以古典主义的文学，所谓雅言的形成，要遵照下列的条件：（1）在可古的范围内，尽量求其古；（2）事实上有妨碍时，则依一定的法则引进俗语，自造新词。其原理：（1）为保持写在纸上的语言的统一，（2）为求文章之富于美的性质。在此两种原理指导之下，进行其前两条所说的任务。能依此规则，使用此文学家所公认的语言的，则其文可以入于雅的范围，而得承认其为文学作品。

人，不是个个可以成文学家的，更不是个个可以成古典主义文学家的，因为他所使用的语言，和现代人口中所用的语言不同。这虽不是外国话，然亦不能不承认他是一种时间上相异的语言，当然较之时间上的现行语，是要难懂一点的，要成为古典主义的文学家，非于文学家的气质以外，再加上一种"异时间的语学"上的天才不可，所以非人人所能成，并非凡文学家所能成，能成此等文学家与否，各人可以自知，即读书达到一定程度，对雅俗的区别，能否有真知灼见，如其能之，此人即有可成古典主义文学家的资格，有志于此者，可以用功。如其不能，即无此等性质，可以不必致力于此，因为用违其长，终于无成。即能小有成就，亦是事倍功半，很不值得的。

要想成为古典主义的文学家，或研究高深学问，而与中国旧籍关系很深的，我所说的研究法，可以适用，是无庸怀疑的。至于并不想成古典主义的文学家，而其所研究的学问，亦和中国旧籍无甚关系；此等人，是否值得花这番工夫呢？论者便不能无疑，但我以为还是有必要的。其理由如下：

（1）事实上并无纯粹的语体文，即前所云甲种文的存在，现在所谓语体文，都是文白夹杂的，词类、成语、句法、篇法以及行文的一切习惯，从文言中来的很多。这个不但现在如此，即将来亦必如此，因为语体文的内容，不能以现在口中所有者为限，势必侵入前所谓乙种文的范围，内容既相干涉，语言自不能分离，所以全不了解文言，语体文亦势难真懂，而且词、句、顺序及习惯等，都系相承而变，有许多地方，语体文的所以然，即在于文言之中，懂了文言，对于语体亦更易了解。

（2）以美术方面论，文言语体，本不是绝对分离的。文言文的渐变，未尝不采取口语的杼轴，同理，作语体文的，自亦可将文言的美点，融化于白话之中。

（3）以实用论，文言文有一优点，即辞简单而意反确定。语体文有时辞冗赘而意转不免游移。此点，作较谨严的语体文的，不能不求其文言化，而欲语体文之能文言化，其人必须能略通文言。

（4）古书文义有艰深的，后人并不以之为法，普通所取法的，都是很平易的。从前曾有人说："《论语》《孟子》，较之现行文言的教科书，难解之处究安在？"这句话，不能不承认它有相当的正确性，所以以文言文为难学，有时只是耳食之谈。

（5）凡文学能引起学习的兴趣的，必是很富于美术性的。在这一点上，家弦户诵的古书，较近人所作浅薄无味的文字，其价值之高下，不可以道里计。

凡学问，皆贵先难而后获，文学尤甚。因为较后的语文，其根源，都在较早时期的语文之内，所以学文言文的，顺流而下易，沿流溯源难。苟非受教育时间极短之人，先读古书，反觉事半功倍，试观通语体文者，多不能通文言文；通文言文者，则无不能通语体文，从未闻另要学习，即其铁证。所以我所说的研究方法，实在是前所说的第（2）、第（3）两种人，共同必由的途径。

6. 过去选本的毛病及今日选本的准则

所以在学校未兴以前，研究国文的人，所采取的材料，大致并不算错，但其教授的方法，则是不大高明的。这一点，在他们所评选的文章中即可看出。

从前的文章选本，亦不是全没有好的，如姚姬传所选《古文辞类纂》、曾涤生所选《经史百家杂钞》之类都是。但此等并不能开示初学，因为无注而其评亦极少，其评又非为初学说法。至于供给初学用的，如《古文观止》，即好一点的如《古文翼》等类，大都是看不得的，我也不是一笔抹杀，说其中全无好处，然其中有许多坏处，确足以使人误入歧途的。

从前人的评文，为什么会有这种毛病呢？这可以归咎于科举。科举实在就是现在的文官考试，因为官有定额，科举取中的人，亦不得不有定额，定额少而应举的人多，在几篇文字之中，凭你高才博学，也不会有特异于人之处的。士子为求录取起见，乃将其文章做得怪怪奇奇，希冀引人注目，考官因各卷程度，大略相等，无法决定去取，乃将题目加难，希望不合格的卷子加多。作始也简，将毕也巨，到后来，题目遂至不通。题目而至于不通，则本无文章可做，然又非做不可，就生出许多非法之法来了。此等弊病，固由来已久，然至明清之世，八股文之体出而更甚，现在试举两个实例：（1）所谓大题，如以《论语》的《学而》全篇命题，此篇共有十六章，就该有十六个道理，然做八股文，是不许分做十六项说的，必须将十六项合成一气，而又不能依据事理，按这十六章公共的道理立说，而必须顾及这十六章的字面等等，试问此等文字，果何从做起呢？（2）所谓小题，有截上、截下、截上下、截搭等种种名目。譬如我从前应考时所做的一个题目，叫做"必先"，乃将《孟子》"故天之将降大任于是人也，必先苦其心志，劳其筋骨，饿其体肤，空乏其身，行拂乱其所为，所以动心忍性，增益其所不能"上下文都截去，而只剩"必先"两字，此即所谓截上下题。因其实无意义，亦谓之虚题。虚题本来无话可说，然即实题，也有无话可说的，如以一个人名命题之类，此等题目，称为枯窘题，即无话可说之谓。无话可说，而强要说话，就不得不生出许多非法之法来了。科举的本意，原想借所考的文章，以看出应考人的学识，但到后来，往往做应举的文章，另成为一件事，并无学问的人，经过一定的学习，也可以做得出来。真有学问的人，如其未经学习，反而无从做起，所以科举时代，所谓科举之士，大都固陋不堪，本其所见以论文，自然要有许多荒谬之论了。

他们最大的弊病，在于不真实。不真实之病，起于（1）做无话可说的题目，而硬要寻话说；（2）本来有话可说的，亦不肯依据道理，如实说述，而硬要更寻新奇的话。于是不得不无中生有，不得不有意歪曲，所以从前学做八股文的人，是终日在想法子造谣言，说谎话的（八股文做得好的人，也有能切实说理的，然此乃学问已成后的事，初学时总不免此弊。而且无论如何学问好的人，要做无话可说的题目，也总不免于瞎扯），这不但破坏文体，而且还坏人心术。他们所批评的文章，就可想而知了。譬如《史记菁华录》，在从前，也算一部有名的选本，其中如《项羽本纪》，记项羽溃围南出时，"至阴陵，迷失道，问一田父，田父绐曰左。左，乃陷大泽中"。后来项王要东渡乌江，"乌江亭长檥船待"。他说这一个田父一个亭长，都是汉人有意所设，此乃作《三国演义》《水浒传》等人的见解，以之说平话则动听，如何可以论文？如何可以论史？更可笑的，《滑稽列传》说优孟"为孙叔敖衣冠，抵掌读语，岁余，像孙叔敖，楚王左右不能别也。庄王置酒，优孟前为寿，庄王大惊，以为孙叔敖复生，欲以为相，优孟曰请归与妇计之，三日而为相，庄王许之，三日后，优孟复来，王曰：妇言谓何？孟曰：妇言慎无为，楚相不足为也。如孙叔敖之为楚相，尽忠为廉以治楚，楚王得以霸，今死，其子无立锥之地，贫困，负薪以自饮食，必如孙叔敖，不如自杀。因歌曰：山居耕田苦，难以得食，起而为吏，身贪鄙者余财，不顾耻辱，身死家室富，又恐受赇枉法为奸触大罪，身死而家灭，贪吏安可为也。念为廉吏奉法守职，竟死不取为非，廉吏安可为也？楚相孙叔敖，持廉至死，方今妻子穷困，负薪而食，不足为也。于是庄王谢优孟，乃召孙叔敖子，封之寝丘四百户以奉其祀"。此中庄王大惊之庄王，乃优人所扮，并非真正的庄王。小学生细心读书的，亦可以懂得。乃作《史记菁华录》的人，在

"欲以为相"下批四个字道："必无其事。"他的意思以为是太史公有意求奇，乃妄造这一段故实的。照他们的意思，只要做得成文章，做出来的文章，而合乎他们的所谓好，造谣、撒谎是无所不可的。这真是天下的奇谈，也是天下的笑话。这固然是极端的例，然昔人对于文字的批评，坐此弊的，正是不少。譬如明知不合理，连自己也知道其不合理的话，却有意歪曲着说，然而昔时的批评家，仍可称之曰翻案文章，加以赞美，诸如此类，不胜枚举。现在八股久已废了，然怀抱此等见解的人，却还没有全过去，后一批的人，则其衣钵，多所受之于此一批人，所以现在所谓懂得古典主义的文学家的批评，多数还不免此弊，不可不引以为戒。

现行的供给初学看的选本，都是明清两代八股法既兴后之作，其中虽不无可取之处，然此等弊病，是触处都是的，初学很多为其所误，程度高的人，倒又无须此等书了，所以其物几可废弃。

真正给初学者看的批评，该遵守下列的条件。

（1）根据文章本身的条理，加以剖析，说明其好处，若有疵累，亦不隐讳，尤其是古今异宜之处，须要尽量指陈。

（2）文字的内容，有非短时间参考所能得的，必须为简要切实的说明，以读者能了解此文之内容为度。如王介甫、苏子瞻均有上皇帝书，其内容，关涉宋代政治制度处都很多，断非短时间参考所能得。然对于此项制度，而无相当的了解，对于这两篇文章，亦就不会明白了。

（3）文章的内容如此，形式方面亦然，训诂、名物及语法等，有非短时间参考所能明了的，务必为之说明。如字法、句法的不同，有时涉及古书全体的义例问题，即其一例。

（4）较高深的问题，如源流、体制等，可察看学者的程度，能懂者告之，不能者不必。偶有过高之论，为学者所不能懂，亦无妨。因为目前虽不懂，将来总是可以懂得的。在此等情形之下，最要者为不懂则置之，徐俟其自悟，切戒穿凿求通，一穿凿，就入于歧途了。尤其紧要的是高深之理，虽可出以通俗之辞，使人易悟，然仍以不失真相为主。过求通俗以致失其真相，变成不知道什么话，这是最要不得的。

以上所论，是讲解批评文字的正轨，固然平淡无奇，然能够合此标准的，也已经不多了。

7. 看、读、作是学好国文的基本功

至于自己用功，不外乎看、读、作三项。

此中看读自然较作为要。因为必先经过看、读，方才能

作。看、读实在还是一事。我们看书时，虽然自己不觉得在念，其实是无不默念的，前文已说过了。看与念，只有程度上的差别，并无性质上的差别。所不同者，则普通所谓读，乃是将一篇文章，反覆念多少遍，看则不过走马看花而已，一则分量少而用力深，一则用力浅而所涉广，此二者之中，看实尤要于读，因为要求悟入，总是利于从多中捞摸的。

现在有一种人，在看、读二者中更重视"看"，这是拘泥于从前的教法，而不知变通。从前的教法，读"四书五经"的，大致是六岁到十五岁的孩子。他们对于经书，根本看不懂，教者（1）既欲其应科举，而必教之以"四书五经"，（2）又因考试功令，本是不准携带书籍的，题目出处，不能不知，于是"四书五经"，非将本文熟读不可，不能以看过明白为已足；（3）而此时的学生，年龄幼稚，能力有限，不但自己不能多看书，即分量较多的书讲给他们听，亦苦难于领受；指定一段书，使其反复熟读，却是比较可能的。以此三因熟读遂为旧时惟一的教法。

现在的情形，不是如此，这是显而易见的，我也不是说现在学习文章，全然不要熟读，然初不必如昔日之拘，而且远不如多看的重要。还有一层，教师选授的文章，和学生熟读的文章，可以不必一致的。因为文章各有心得，教师有心得，讲得最好的，不一定是学生所最喜欢的。讲授本不过举隅。天下的文章，哪里讲得尽？所以举示学生的范围宜较广，听其于一定的范围内活动。所谓熟读，并不要照昔时私塾的样子，读得能够背诵，不过对自己所爱好的文章，特别多读几遍，时时加以讽咏而已。其篇目亦无一定，不过大致宜在古今第一流作品之中。而人的好恶，虽若不齐，实亦大同小异，听其自择，自亦不会轶出此较宽的范围的。

至于作，则最要之义，为待其自动，看读得多了，自然有一种勃不可遏之境。在这时候，虽欲使之不作而不可得。教者只须迎机略加指正就够。我们的说话，固然是一句一句逐渐学会的，然而都是到会说了，不能不说的时候，才说出来的，从没有人当我们还没有会说话的时候，强迫着我们说，如其在这时候而强迫着说，只会把话说坏了，决不会收速成之效的。从前教国文的人，每以令学生"早开业"为戒，其原理就在乎此。

（此篇节录自《吕思勉遗文集》一书，华东师范大学出版社，1997年版）

十一、国文杂谈

1. 论文史

甲

近来刘大杰先生写信给我，颇叹息于青年肯留意于文史者太少，这确亦是一个问题。

文学，即旧日所谓辞章之学，讲朴学和经世之学的人，本都有些瞧它不起，以为浮华无实。这也不免于一偏，但他们不过不愿意尽力于文学而已，对于旧书的文义，是能够切实了解的，现在就很难说了。还记得二十余年前，章行严先生说过一句话：现在的文字，只要风格两样一些，就没有人能懂得了。这句话，确使人闻之痛心。

所谓风格，直捷些说，就是俗话所谓神气。我们对于一个人的意思的了解，不但是听他说话，还要领略他的声音笑貌等等，文字就是语言的扩大，然这些辅助的条件都没有了，所以其了解要难些。然于文字不能确实了解，即不能得作者的真意。所以要了解旧书,旧文学不能没有相当的程度。

对于旧书,喜新的人,或者以为不值得留意。但它毕竟是材料的一部分;比外国的材料,还要亲切些,这如何能够不留意呢?

乙

说到本国的材料,比来自外国的要亲切一些,就可因文而及于史了。我现在且随意举几个例,如:(1)外国人有肯挺身作证的风气,所以其定案不一定要用口供,中国就颇难说了。任何罪案,在团体较小,风气诚朴,又法律即本于习惯之时,罪名的有无轻重,本来可取决于公议。《礼记·王制》篇说:"疑狱泛与众共之。"还是这种制度的一个遗迹。外国大概和这风气相去还近,所以能有陪审制度,中国又较难说了。举此两端,即可见中国研究法学的人,不能但凭外国材料。(2)又如农民,大都缺乏资本,不能无藉于借贷。王安石的青苗法,现在大家都知道其立意之善了,然其办法不甚合宜,也是不能为讳的。其最大的病根,即在以州县主其事。人民与官不亲,本金遂借不出去,而官吏又欲以多放为功,遂至弊窦丛生。现在的农贷,主其事者为农民银行,与其人民隔绝,自不致如地方官之甚,然其于地方情形的不熟悉，亦与官吏相去无几，至少在他初办时是如此，然亦欲以多放为功，就有土豪劣绅，蒙蔽银行，伪组合作社，以低利借进，以高利转借给农民等的弊窦了。他如现在的游击队，固然和从前的团练不同物，然其理亦未尝无相通之处。又如复员，战士或者要归耕，其事亦非今日始有。此等处，本国已往的情形，亦必较外国的材料，更为亲切。大家都知道研究外国学问，不可不先通其语文，如何研究中国材料，对于本国文字，反而不求甚解呢？

丙

文字是要经长久使用，然后才会精深的，这是因为语言和文化，每相伴而发达。金世宗是民族成见最深的人，他不愿女真人和中国同化，于是竭力提倡女真文字，以之开科，以之设学。然他深病女真文字，不如中国的精深，曾以此意问其臣下。有一个对道：再多用些时候，自然要精深些。这话亦颇含真理。从前有个学生留学德国，一次有个德国人问他道：你看法文与德文孰难？他说：法文似乎要难些。这个德国人大为不悦，和他力辩，说德文并不容易，这事见于二十年前《时报》的欧洲通信上。此时语体文初兴，这位通讯员说："现在一班人还敢以难深为中国文字之病么？"案文字要求通俗易解，亦自有一种道理，这位通讯员的话，也未免于一偏。然要通俗易解是一事，要传达精深的学术，亦是一事，这位通讯员的话，亦代表一方面的真理。

要研究中国学问，必须要看古书，这和要研究外国学问，必须读其名家专著一样，单读些近来人所著的书籍，是无用的。因为著书者必有其所悬拟的读者。近人所著的书，非不条理明备，语言朗畅，而且都站在现在的立场上说话，绝无背时之病。然其所悬拟的读者，大都是普通人，其标准较低，极精深的见解，不知不觉，遂被删弃。终身读此等书，遂无由和最大的思想家最高的思想接触。若昔人所著的书，但求藏之名山，传之其人者，则多并不求普通人的了解，所以其内容虽极驳杂，而精深处自不可掩。这亦是治中国学问者对于本国文字不能不有相当程度的原因。

文史本是两种学问。但在今日研究史学，而欲求材料于中国的旧史，则和文学关系殊深。这原不是史学一门，一切学问，要利用中国的旧材料，都是如此的。但是史部中材料特别多，所以其关系也更密切罢了。

2. 人工与天籁

一切事物，最美的总是自然的，人工做出来的，无论如何精巧，总不免矫揉造作，有些斧凿的痕迹，所以论文要以天籁为贵。天籁是文人学士，穷老尽气所不能到的，因为这不是可以用工力的事啊！姑以四首民歌为例。"高田水，低田流。伯母叔母当曙上高楼。高楼上，好望江。望见江心渡丽娘"，在表面上看起来，只是叙事，然而所适非人之意，已寓乎其中，此即古人之所谓比兴。比兴之所以可贵，乃因其意在此而言在彼，可以避免直接的过分的刺激，而且能引起丰富的想象。此义原非诗人所不知，后世的论诗，也贵寓言情于写景，而不贵直率言情，就是为此。然而文人学士做起来，能如此之自然么？这就是天籁和人籁之别。"头上金钗十八对，脚下花鞋廿四双。金漆笼，银漆箱。青丝带，藕丝裳"，读来觉得非常绮丽，然而极其明白易解，绝不要用什么字眼、古典涂泽，此乃所谓不着色之艳。只有不着色之艳，浓淡能恰到好处。用字眼、古典涂泽，好的也不免失之太浓，有意求声希味淡，又不免失之太淡了，这也是人籁不及天籁之处。"问鸳鸯"以下，音节突然短促。凡是短促的音节，总是含有悲愤凄楚之意的。此调用于此处，恰甚适宜，这也是天籁。有一位化学家对我说："中国文字的程度低极了，万万不够用的。"我问他："何以见得？"他说："即以颜色字论。现在的颜色，奚翅数百千种？中国却只有青、黄、赤、白、黑等几十个字，如何够用呢？"我说："你怕调查错了古话了罢？要晓得中国的颜色字，共有几个，是不能专据字书的，请你到绸缎铺子里去看看有许多颜色字，单看字书，是不会知道他有颜色的意义的。如妃字湖字即是。"他说："虽然如此，比外国还少得多。"我说："这是由于中国的颜色比外国少，不是语言的贫乏。倘使有新的颜色产生，或者输入，中国人自然会替他造出新名词来，用不着你着急。"他的意思，到底不很信。从前有一个人，对一位英国的贵妇人说："伦敦人头发的总茎数，一定比世界上的总人数为多。"贵妇人虽不能驳他，却总不很相信。这位化学家，也未免有些像这位伦敦的贵妇人了。这些旁文，且不必说它。"藕丝裳"的"藕"字，在古典主义的文学中，就不能用作颜色字。如其用之，那也是参用白话的，决不是严格的古典主义文学。遇到此等情形，自然的口头话，做古典主义文章的人，就不能说；要说，也要遵守许多规律，不能自然地说了；这是天籁、人籁之所由分。第二首中，"咸鱼腊肉不见面，苦珠蚕豆当干粮"，咸鱼、腊肉是两种实物，苦珠却无其物，只是用来形容蚕豆的，两物还只是一物。用文人的格律评论起来，一定要说对得不匀称了。然而读起来绝不觉其不匀称，这亦是天籁的自然之妙。可见得文人学士的格律，有些是自寻窄路的。诗的好处，全在乎怨而不怒。一怒就伧父气了。"长竹枪，枪枪起，枪脱媒婆脚蹈底；短竹枪，枪枪出，枪破媒婆背脊骨"；可谓怨毒之于人甚矣哉；然而读来仍觉其怨而不怒。这是因为竹枪并不是杀人的凶器，而只是小孩的玩具。用竹枪去刺人，根本只是小孩儿无意识的话，听来并不使人精神紧张，而反觉得有些滑稽的意味，就不致有累美感了。这也是言语自然之妙。

第三、四首，都是无所指的，可以随意解释的。第四首显而易见，无待辞说。第三首，若用旧时说诗的法子说起来，"丁丁头，起高楼"，我们可以说：喻自处之洁也。"高楼上，织丝绸"，喻靖献之勤也。"丝绸织得三丈八"，而不过"送去哥哥做双袜"，卑以自牧也。"哥哥自有黄金带，嫂嫂自有缛罗裙"，送去做袜的丝绸，必不见省录矣。疾君之蔽于亲昵，不察疏远之行也。"缛罗裙上一对鹤，鹤来鹤去鹤到丈母家。丈母床上红绫被，阿姨床上牡丹花"，伤君为近习所蔽，耽于游乐，失其威仪也。如此解释，固然决非作者的意思，然而在君主时代，行吟泽畔的孤臣，却不能禁其不作如是想，此即所谓诵义。于此，可以知道《小序》致误之原。缘古人好谈政治，歌谣本不关政治的，念到他们的口里，都发生出政治上的意义来。一变，就说做诗的人也是如此，把诵义变成了作义。再一变，就把什么人为什么事而作等等，都附会上去了。所以致误总是逐渐的，非一朝一夕之故。

有人说："你既赞成天籁，天籁是要使用口语的，为什么你又不赞成白话诗呢？"殊不知诗是源于歌谣的，歌谣和普通的语言，根本是两物，不是一物。现在的白话诗，只是语言的调儿啴缓一些的，根本只是散文，至多有些像赋，决不会发达而成为诗。把他和民歌比较，就显然可见。现在的民歌，和二千多年前的乐府，还显然无甚异同，可见得一个民族，口中歌唱的调儿变革之难。老实说：倘无外来的新物事搀入，怕其变化的速度，要缓慢得出乎想象之外的。几千年的时间，真算不得什么。中国人歌唱的调儿，只有诗到词是一变（词之仍原于诗者除外），曲和词还只是一物。词的来路，乃是外国音乐的输入。外国的音乐，其根本，就是外国人所歌唱的调儿。现在外国的音乐，为中国向所未有的，正在逐渐输入，新诗体自有产生的可能，不过现在提倡新诗的人所走的，却不是创造诗体的路。

文人学士所做的诗，虽然把天籁失掉了，却亦有其不可掩之美。其一是精工。这是代表人工美的，恰与天然美对峙。其二是诗境的扩大。即歌谣中所不曾有的意思，未说及的事物，它都有了，这不能不说是技术上的进步。所以文人的功力，也不是白花的。不过话太说得尽了，就觉其意味浅薄，因为所刺激起的想象少了。雕琢过于精工，亦不免要因此而牺牲真意。西昆体和江西派的诗，终落第二义；近代人竞学宋诗，到底无甚意味，而如何莲舫，易实甫一类的诗，更其要不得，就是为此。

虽然如此，歌谣也并不都是好的，尽有庸劣无味的，甚而至于有恶浊的。这是因为歌是大众作品，大众之中，未尝无鄙夫伧夫之故。于此，知《史记·孔子世家》说古者诗三千余篇，孔子删取其三百五篇，并无甚可疑之处。古人好举成数，估计起来，觉得百位还嫌其小，而要进到千位，就说一个千字；以千位计，还觉得其不止一数，就加上含有多数意义的三字，而说三千。民歌本是重重复复的，古诗自然也是如此，所以《史记》也说孔子"去其重"。假使把现在的民歌，统统钞出来给我看，我也一定要把它删过一番的。至于重复的应该除去，那更无待于言了。所以孔子删诗之说，实无可疑，后人所以怀疑，乃因拘于要向古书中去搜集佚诗，而未一察当前的事实。现在的报纸中，也时时载有民歌，我总觉得好的很少。却记得清末，大约是丁未、戊申、己酉三年之间，《时报》曾载有各地方的歌谣，好的却极多。现在《时报》是停刊了，总还有藏着旧报的人，倘能把它钞集起来，印成一本，倒也是文艺界一件盛事。

3. 修习国文之简易法

数年来，学校学生，国文之成绩，日益退步。此非诽毁学校者之私言，凡从事学校事业者，咸莫能为之讳也。夫国文成绩之不善，其弊有三：

一不能高尚其感情，无以为进德之助也。近人有言：宋儒之言道德，校之汉儒纯粹，奚翅倍蓰。然汉世，所在犹多至行，而学宋儒者，多不免为乡愿，是何也？曰：进德以情不以智，汉世所传经籍，多文章尔雅，便于讽诵，学者日寻省焉，则身入其中，与之俱化而不自知。宋儒理学之书，则无此效力也。此其言深有契于善美合一之旨，实为言进德者所不能外。然则欲高尚其感情，以纯洁其道德者，舍厌饫乎诗书之林，游心乎仁义之源，复何道之从哉？然国文程度不足者，则无从达此目的也。

二不能通知国粹，无以为中国之人。国必有其国性，则为国民者，亦必有其国民性焉。必如何而后可称为中国之士君子，此其道不一端，而通知国粹，其最要者矣。吾非谓通知国粹，遂可排斥世界之新学问也。不通知世界之新学问者，其于国粹，亦必不能了解，此何待言。然既为中国之人，则必不可不通知中国之国粹；苟不通知中国之国粹，则于世界之新学问，亦必不能深造。即能深造焉，而亦必不能成其为中国之士君子，此则有识者所同认矣。而欲通知国粹，则又非国文程度不足者，所能有事也。

三无以磨练智力，各种学问，皆不能深造也。闻之训练兵士者言，识字之兵，校之不识字之兵成绩之善必倍，管理工厂者之于工人亦云然。夫兵士及工人，其所读之书，亦至有限耳，岂真随时随地皆能得其用哉？非也。吾人之言语，本有普通及高等之殊，通常所使用之言语，普通言语也，文字则高等言语也。仅通口语之人，犹之仅通普通语，仅克与农夫野老相周旋，能通文字之人，则犹之能通高等语，日与学士大夫相晋接，其识解论议不期其进步而自然进步矣。学校学生，国文成绩优长者，他种科学之成绩亦必较优长，职此之由。

国文一科，关系之重大如此。然今之学生，其国文之成绩，顾日见退步，此岂良现象哉。然则其原因果何在乎？曰：亦未得其修习之法而已。

夫文字犹语言也。心有感想，发之于口，则为语言；笔之于书，则成文字。是文字之与语言，本一而二，二而一者也。若是，则能通语言者，宜即为能通文字之人。（但多一识字之劳耳。）然今顾不能然者，则以语言文字迁变殊途，迄今日已不能合一也。然二者其流虽异，其源则同。故修习文字之法，究与修习语言无异。今试问修习语言，舍多听多试谈外，尚有他策否？则修习文字，舍多读多看多作外，亦决无他策，审矣。而三者之中，多读多看，实为尤要，读与看，所以代听也。作，所以代试谈也。人于言语，苟能多听，自不患其不能谈话。而不然者，虽日事试谈，无益也。今之学生，或汲汲于研究文法，或孜孜焉择题试作，而于多读多看二者，卒莫肯措意。此其所以肄习虽勤，进步卒尠也。

或曰：今兹学校，科目繁多，安能如昔日之私塾，舍弃科学，日夕咕哔，以从事于国文？是诚然也。虽然，欲求国文之进步，果须如昔日之私塾，舍弃各种科学，以日夕从事于咕哔乎？不能无疑。吾则谓今日学生，诚未能于多读多看二者加之意。苟其能之，亦进锐退速，未能持之以恒耳。不然，其国文未有不进步者也。

……

不自咎其修习之不力，而顾归咎于吾国文字之难通，不亦傎乎？

往尝恨我国文字选本虽多，然适合于中小学生自修之用者绝鲜。尝欲发愤评选一编，其体例，取其（1）按年递进，适合于中小学生之程度，而其分量亦适合；（2）其文字，不病其艰深，然足以指示我国文学之源流及门径，而不嫌其陋；（3）评注精详，俾读者得了然于文字之义法，且无于实质方面不能索解之苦。以卒卒寡暇，未为也。若深通文字而又洞明教育原理之士，有能就此一编者，于学生文学之进步，所关必非浅鲜，可预决也。然天下事贵乎力行，赖人之指导尚在其次。今之学生，苟能如吾向者所述之法以修习国文，则任何选本取而读之，固均无不可耳。

4. 国文教学贡疑

某君对我说："现在学校的教授国文，殊不得法，因为他们既不肯放弃，又不能深入。依我看：不研究旧文学则已，既研究，就要求其深入，多用功，多读书，否则不如其已，省些功夫下来，用在别种科学上。把现在拘文牵义的见解，一扫而空。行文老实以口语为主，写在纸上，就成文字。各人所治的学术不同，所就的职业不同，有些人，是终身得不到旧文学之用的，而似通非通的旧文学，亦决无用处。选读数十百篇古文，摘讲若干章《论语》《孟子》、若干段《左传》……其结果还是和不读一样，功力真是浪费。"

这一段话，我深表同情。古语虽不如外国语之难学，然因时间相睽隔，学起来，毕竟亦有相当的困难。真通古语的人，必能径以古语为其思想之表象，不必要译成今语。如此，读古书才能真通；做古典文也才能真通。此其原因，一半由于个性，一半亦由于生活。在科举时代，读书的人所读的全是古文。其结果，大多数人还是不通。所以我们现在，虽不必像欧洲人，于希腊文、罗马文之外，别造出新的民族文学来，然把现代语和古语分开，把学习古语视为专门之业，这种道理，是不能不要求大家都了解的。若能如此，则现在所谓"写别字"、"用错字眼"、"句法不通"、见了极普通的古典成语而不懂，大家以为笑柄的，根本不成问题。因为超出乎口语的范围以外，根本非多数人所该通。如此，所做的文字中，不过搀杂古文的成分减少些而已。其内容的精湛，还是会随着其学识而进步的。文学的趣味，亦仍能随口语而发挥尽致，不过见解陈腐的人，看得不太入目而已。世界总是进化的。这是决不该也决不能以少数人的偏见而阻遏的。但教授国文，却不大容易了。句法、篇法，会说话时早已学得，亦即随其说话的进步而进步，根本不大要学。只要把现代文字，选好的给他看看，大略讲讲，写出来的文字，只要替他略为修整即可。除掉低能的人，决不会做出全然不通的文字来。这正所谓"师逸而功倍"。而如现在的所为，则不啻"师勤而功半"。所以并非国文难学，只是国文的教学法太陈旧了。

人们意见的陈旧，有些地方，是着实可惊的。如到现在，还要维持毛笔，反对钢笔，便是其一端。我在战前，以一元半法币，买了一枝自来水笔。二十六年（1937年）十月九日，佩在身上，跑到孤岛来，到现在，已近四年了。虽已不成其为自来水笔，然蘸了墨水仍可写。这枝笔，我在战前，已用过相当的时间了。假使能用五年，则每年所费，不过三角，而用毛笔，则在战前之价，是每月一元，其相去为四十倍。毛笔诚有其优点及特殊的用途，非钢笔所能代，然大都是有闲阶级才要用、才能用的。非毛笔不能作成，或虽作成而不能优美的作品，大多数人，本来无缘享受，此乃眼前铁一般的事实，岂能否认？以极烦难的手工制品与机器所制之品竞其价廉，以毛和麻与金属材料的笔头竞其经久，何异夸父逐日？若说"这是优美的，值得保存的"，则现在有这优裕的生活么？如德国，如苏联，甚至现在还在隔岸观火的美国，岂能放下武器的制造，而从事于制造美术工具呢？况且毛笔写的字，只是美术品的一种，焉知用别种工具不能造成有同样价值的美术品？秦以前的古文籀篆，均非毛笔所书，何以后人亦视为美术品呢？

　　有人说："读外国书要通外文，不能靠翻译，读中国古书，岂能反靠翻译？"这是不错的，但要承认这句话，先得承认古书为人人所必读而后可。这本非事实所能，已如前文所述，而亦非事实所必要。以为必要的人，不过以为"做人的道理"，"立国的精神"，都在古书里，所以不可不读。其实此二者是当受最新的学术指导的。读古书，我们不能否认其有相当的好处，亦不能否认其有相当的害处。甚至两者比较起来，中毒的副作用，还较营养成分略多。此理甚长，当别论。

　　　　（此篇为刊于1916年2月《中华学生界》第2卷第2期、

　　　　　　1941年《文林》月刊第3期、

　　　　　　1941年11月《中美日报》和

　　　　1945年11月《知识》杂志第5期的部分内容的合编，

　　　　　　　　标题系编者所加）

附录一：

蠹鱼自讼

"臣朔犹饥，侏儒自饱，毕竟儒冠误"，这种感慨，从前读书人，是常有的，我却生平没有这一种感慨。

我觉得奋斗就是生命，奋斗完了，生命也就完了。从前文人的多感慨，不过悲哀于不遇，奋斗是随时随地，都有机会得的，根本无所谓遇不遇。况且我觉得文人和学人的性质，又有些不同。文人比较有闲，所以有工夫去胡思乱想，学人则比较繁忙，没有什么闲的工夫。我虽没有学问，却十足做了半生的蠹鱼，又何从发出什么感慨来呢？

然而我也说"被读书误了"，这又是何故？

这话倒也是站在学人的立场上说的。学问之道，贵乎求真，"真的学问，在空间不在纸上"，这个道理，是容易明白的。自然，最初写在纸上的，是从空间来的，不然，他也不会有来路。然而时间积久了，就要和实际的情形不合，所描写的，不是现在的情形了；所发表的意见，也和现在不切。然而时间积久了，就使他本身成为权威，以为除书所载而外，更无问题，而一切问题，古人也都已合理地解决了，所苦者，只是我们没有能了解古人的话，或虽了解而不能实行。即有少数人，觉得书之外还有问题，古人解决问题的方法，亦未为全是的，然而先入为主，既经受了书的暗示，找出来的问题，还是和古人相类，而其所谓解决的方法，也出不得古人的窠臼，和现在还是隔着一重障壁。所以从来批评读书人的，有一句话，叫做"迂阔而远于事情"。"情"是"实"，"事情"就是"事实的真相"，"迂"是绕圈子，"阔"是距离的远，你不走近路而走远路，自然达不到目的地，见不到目的物的真相了。这一个批评，实在是不错的，读书人的作事，往往无成，就是为此。

然而不读书的人，作事也未必高明些，这又是何故？固然，他们有成功的，然而只是碰运气。运气是大家可以碰到的，就读书人也未必不能碰到。不学无术的英雄，气概是好了，也未尝不失败，就是为此。老实说：他们的作事，比读书人也高明不出什么来，甚而至于还要低劣些，因为读书人还有一个错误的计算，他们则并此而无之了。

做事情要有计算，毕竟是不错的。读书人的错误，并不在于他们的喜欢研究，而在于所研究者之非其物。研究的物件错了，自然研究的结果，无一而是了。别人我不敢说，我且说我自己。我亦不敢说得远，且说这两年来的事情。

我是半生混迹于都市之中的，近两年来，却居住和往来于乡间有一年半之久，这是我换了一个新环境了，我却得到些什么呢？

近几年来，时局大变了。时局的变化，是能给人以重大的刺激和亲切的教训的，就乡下人也该有些觉悟，然而大多数人，混沌如故。他们对于时局的认识，到底如何？感想到底如何？

离开时局说，一个人总有他的世界观和人生观的。有些人，以为哲学是高远绝人之物，这根本是一个误解。每一个人，总有他的世界观和人生观，这就是他的哲学了。哲学虽看似空虚，实在是决定人生的方向，指导他的行为的。然则他们哲学上的见地，究竟如何？自然，他们哲学上的见地，也不能一致。然则老的如何？少的如何？男的如何？女的如何？庄稼人如何？做手艺的如何？足迹不出里闬者如何？常往来于城市者如何？……

以上的话，似乎太笼统了，说得具体些。这几年来，乡间实在有一个严重的现象，那就是人口，而尤其是壮丁的减少。工资腾贵了，以今日的币价而论，或亦可说其实并没有腾贵，然而就使你真提高了工资，也还是雇不到人。事业比战前，并没有扩充，而且显著地减少了，人浮于事的现象，则适得其反，这能说是人口至少是壮丁没减少么？然而你问起人家来，人家总说并没有减少。甚而至于说还有增加。他或者看见他的亲戚、朋友、邻里，新添了一两个丁口，而老的也没有死去罢？

农产品腾贵了，乡里人的生活，究竟如何？有一个比较留心的人对我说："最好是三十年。这时候，农产品已经比较腾贵了，别种物价的腾贵，却未至如今日之甚，税捐的剥削，也还未至如今日的厉害，币价却低落了。我们乡间，有一种'活田'，就是名为卖，而有了钱，依然可以出原价赎回的。据说在这一年，乡下人这种田，几乎赎去了十之八九，佃农变作自耕农了，这是一个生活较好的铁证。近两年来，各种物价，都腾贵了，税捐的剥削，也更厉害了，就乡下人也大呼生活艰难，然而生活必要的资料，尤其是食料和燃料，他们手里毕竟有一些实物，和城市中人动辄要买，而且还不易买到的不同，所以他们的生活，比城市中人，毕竟要好些。"以他们向来勤俭的习惯而论，处这极其危险，而还未至于绝无可为的地位，该格外奋勉向上。然而有一部分人，却因手中货币虚伪的数量上的增多，或者交易上一时的有利，而露出骄气，其实是暮气来了。譬如，有一个佃户，找他的田主要借钱。田主道："我借给你，也不过两三千元。"佃户便哼的一笑道："两三千元么？我上茶馆天天带着的。"这所谓上茶馆，并不是真去喝茶，你只要午后走过市集，便可见得所谓茶馆里，并没有一个人在那里喝茶，你如走得口渴，要想泡一碗茶喝，他也可回说没有。真的，他的火炉中并没有火。然则茶馆开着做什么呢？你再一看，就可见一桌一桌的人，在那里叉麻雀了，叉麻雀还算是文气的，还有更武气的赌。茶馆里也算是比较优等的地方，劣等一些，便在人家檐宇下，安放一张桌子，或者还是凳子，四面围着些人，便在那里掷骰子，推牌九了。落在后排的，便自己带了凳子来，高高地站在上面，在人背后奋勇参加。

这还是不至于沦落的人，沦落的人，就更无从说起了。有一个佃户，因为替田主照应坟墓的关系，既不交租，又不完税，而且还住了田主的屋子。然而他穷得了不得，谷未登场，已非己有，有钱在手里就赌。近两年而且害起病来了，不能耕种，十亩倒荒掉五亩以上，那五亩不到，还是他女人勉力种的。他却天天站立在门外，负手逍遥，见有收捐的人来，便从屋后向田野中溜掉了，让他的女人去支吾。

这种人，或者可以说是生来就能力薄弱的，然亦有向来勤俭的人，在这几年中，环境也逼迫他，或者引诱他，使他堕落。有一个城市中人，在战前，是相当勤俭的。他产业的收入不多，靠亲戚贴补些，又自用缝衣机器缝衣，也还图个温饱。战时房屋烧掉了，他便把地皮卖掉，到乡间买了二十多亩田。这时候，还很有勤俭自持的样子。不知如何，忽而把毒品吸上了。从此渐渐地不像个人。一两年后，身体也衰弱得不成话了。有一天，吃了晚饭，勉强走出去过瘾，竟因心脏的工作忽而发生障碍，就死在售吸之处，仅有的余款和田地契等，被和他有同嗜的人，回到他寓处掳去了。

这是乡间的情形，至于城市之中，则我在两年前回乡时，觉得大家还有些震动恪恭的意思，未忘其所处者为非常时期，今则此等人几于不可复见了。变节不会变得这么快，或者是"贤者辟地"了罢。否则"万人如海一身藏"，"众里寻他千百度，蓦然回首，那人却在，灯火阑珊处"，自然也是不容易遇见的。眼前数见不鲜的，则不是想发横财，就是且图享乐。再不然，就是刺激受得过度而麻木了。什么事情，也刺激他不动，正像耳朵给炮声震聋了，再也听不见什么一般。现在的环境，真能使人堕落么？然而不靠白血球和病菌苦战一番，安能使新陈代谢的作用旺盛，而收除旧布新之效呢?

迷信事项,不论在城市在乡,都见其盛行,且如现在是九秋天气,我们家乡的风俗,从旧历九月初一日起,到初九日止,是有所谓"拜斗",亦谓之"礼斗"的一种举动的。那便是道士,或者虽非道士而著了道士的衣服,念着一种"斗坛经",向所谓北斗星君者,磕头礼拜,求其增加寿算,或者不剋减。拜斗之处,明明是一所屋子,其名称却谓之坛。在敝处小小的一个城市中,所谓坛者,却也有好几处。最初,拜斗的人,都自以为是功德。他们有一种公款,以作开支,并不靠人家补助的。然而"蝼蚁尚且贪生,为人岂不惜命"?增加寿算,或者不剋减的事,岂怕没有同志?而况"南斗注生,北斗注死",这传说业已不知其几何年,岂怕没人相信?于是有害了病,去请他们拜斗,以求不死的;也有虽然无病,而亦去请他们拜斗,以期更享高龄的。久而久之,拜斗也逐渐地商业化了,虽然抱着做功德之念者,今日亦非遂无其人。在战前,礼斗一次,不过花上二三百元,现在则起码万元,多的到万五千元以外。然而从初一到初九,应付这些主顾,还是来不及,而不得不把拜斗之期,延长到初十以后,这是眼前的即景。追想几个月前,关帝庙中的庙祝,说某日是关帝的生日了,托人四处募捐。旬日之间,所得计有二十万。一天工夫，据说都花销完了。经手的人不必说，布施的人，该是"诚发于中"，"义形于色"，必不容人家有什么不端的行为的了，然而就是关帝生日这一天，关帝庙里，就呼卢喝雉了一夜，他们竟熟视若无睹，无可如何么？或者也有之，然又何苦踊跃输将于前呢？还有所谓什么道的，所崇拜的物件，不知是什么。所讲的道理，更其非驴非马，听得要使人"冠缨索绝"。然而相信他的人，也是不远数百里而来，所捐输的款项，据说亦在数十百万以上。

堕落的为什么堕落？颓放的为什么颓放？发狂的为什么发狂？痴迷的为什么痴迷？这都各有其所以然的，断不是坐在家里，用心思去测度所能够知道。发愤骂人，总说人家不应该如此，那更可笑了。"世界上是没有一件事情没有其所以然的，即无一件事情是不合理的，不过你没懂得他的理罢了。"怎样会知道许多道理呢？那就要多多和事实接触，且如今日，人口到底减少不减少？如其减少，是怎样减少的？所减少者专在壮丁，还是连老弱都受到影响？其减少的原因，又是为何？我固然没有法子，像调查户口般逐户去调查，然使周历乡间，多和各种人物接触，难道没有机会，知道其中一些真相么？这是一端，其余可以类推。总而言之，和各种事实接触得多了，和各种人物接触得多了，自然你易于知道一切事情真相，向来知其然而不知其所以然的，自然有许多，你能够知其所以然了。这里头，一定有许多崭新的材料，为你向来所梦想不到的，使你见所未见，闻所未闻，不徒能增加知识，而且还饶有趣味。

这事情难么？我是有资格可以去访问乡间的所谓乡先生的，城市中人，熟识的更多了。他们或者都以为我是一个无用之人，然亦都知道我是个老实人，别无作用，一切事情的真相，对我尽情吐露，并无妨碍。听他们的说话，或者一时不易得到要领，然而我自有法子去探问；听了他们的话，我自会推测、补充、参证、综合的。至于城市中素未认识，而又谈话比较有条理的人，乡间的农夫野老、妇人孺子，你要和他接触，而使你得到一个满望的结果，那更容易了。总而言之，只要你有决心，有耐心，去和他们接触，决不会无所得，而且所得一定很多。在交通上，周历各处，在今日或者是比较困难的，而且还冒些风险，然亦未至于不可通行。我们从前读书，不常看见乱离之时，交通困难，要避免了某种特殊势力，或者要结托了某地段的豪杰，才能够通行无阻么？在今日，正可亲历其境，以知道所谓乱离之世的真相，不但活生生的事实，不放他眼前空过，就是读书时候所见到的许多事实，知其然而不知其所以然，百思不得其解，就自以为解，其实也是误解的，也可因活事实的参证，而知道其所以然了。喜欢读说部的人，为什么多？喜欢读正书的人，为什么少？岂不以说部的叙述比较详尽，容易了解；又其材料都为现代的，亲切有味么？其实说部的内容，就使都从阅历得来，和实际的事实，总还隔着一层；也是闭门造车的，更不必说了。活生生的事实，比起说部来，又要多么易于了解，亲切有味？何况干燥无味的正书呢？

此时此地，是何等获得知识，饶有趣味的好机会？然而我竟轻易地把他放过了，我还只做了两年的蠹鱼。

我为什么如此说呢？一者，读书读得太多了，成为日常生活的习惯，就很怕和人家交接了。这实在是自己的畸形发展，倒总觉得和人家交接，浅而无味，俗而可厌。于是把仅有的外向性都消磨尽，变成极端的内向性了。二者，在书上用过一番功夫，而还无所成就，总觉得弃之可惜，于是不免赓续旧业，钻向故纸堆中。从前梁任公先生叹息于近代史的寥落，他说："我于现代的史实，知道的不为不多，然而我总觉得对于现代的兴味，不如古代。"任公先生，现在是与世长辞了，他所知道的，甚而至于是身历其境的，怕百分之九十几，都没有能写出来。任公先生是比较能作实事的人，尚且如此，何况我这真正的蠹鱼呢？

然而我毕竟不能不算是一个错误。

然而"往车已覆，来轸方遒"。我在乡间学校里，曾发愤，每天提出一个钟点来，和学生谈话。我所希望的，是不谈书而谈书以外的事实，有机会时，把他引到书上去，使书本和事实，逐渐地打成一片。然而来的都是喜欢读书的人，所谈的也都是书上的话。要想把他引到现实上去，因为有许多问题，离现实太远了，竟无法引而近之。不但学生，即教育者亦大多数以为"读书就是教育，教育就是读书"，家长更不必论了，到现在，中等学校教员中，还有要讲桐城家法，听得我会写语体文而惊讶的。这或者是迂儒，然我亲见实业上比较成功的人，请人在家讲《孝经》。又有一个某实业团体的会，请了两位先生，排日讲《书经》《礼记》。他们说："这两位先生，隔日要讲一次，未免太累了。"托人致意于我，想我也去讲一种古书，"如此就每人可以隔两天"，被我笑谢了。

我们的社会，和现实相隔太远了，这未免太不摩登了罢？我并不说读书不是学问。书，自然也是研究的一种物件，然而书只可作为参考品，我们总该就事实努力加以观察，加以研究的。不但自然科学如此，社会科学，更该如此。因为社会科学，现在所达到的程度，较之自然科学，相差得太远了，在纷纭的社会现象中，如何搜集材料？如何加以研究？一切方法，都该像现在的读书一般，略有途辙可循，略有成法可以授人，而随时矫正其谬误，这才是真正的教育。至于把书本作为物件而加以研究，这自然也是一部分的事业，也有一部分性质适宜于此的人，然而适宜于此的人，怕本不过全体中一小部分。因为人的性质，自能因关系的亲疏，而分别其兴味的浓淡的。书本较诸现实，关系当然要疏远些，感觉兴味的人，自然少了。现在把一小部分人能做的事业，强迫全体的人都要这么做，这亦是现在的教育所以困难的一个原因罢？

会说读死书是无用，学问要注重现实的人，现在并非没有，而且算是较摩登的。然而这种人，往往并无所得，较诸只会读书的人，成绩更恶劣了。这是由于现在说这一类话的人，大都是没有研究性质的人，把他们来和读死书的对照，还只是以无研究的人和所研究者非其物之人相对照而已，并不能作为读死书的人的借口。

(原刊文艺春秋丛刊之三《春雷》，

上海永祥印书馆，1945年3月出版)

附录二：

自述

予生于中法战争之时，至甲午中日战争，年十岁。

家世读书仕宦，至予已数百年矣。予年六岁，从先师薛念辛先生读，至九岁。其间，薛先生因事他适，曾由史幼纯先生代馆月余。十岁，薛先生服官扬州，改从魏少泉先生读。十二岁夏，魏先生赴新疆。予父生平不赞成人自教子弟。谓非因溺爱，失之宽纵，即因期望太切，失之过严。故予自入塾至此，皆延师于家。此时依予父之意，本欲再行延师，惟家庭经济状况，颇起变化。

予家有田二十余亩，向不收租，惟俾佃户耕种，照料先茔耳。在城市中，有住宅两所，市房两所，除住宅一所自住外，余皆出租。亲丁七口，予之继祖母父母两姑一姊及予也。其后两姑皆出阁，则惟有五口。衣食粗足自给。而在予十岁时，再从伯父朗山君逝世江西。朗山君以官为家，卒后一无所有，而亲丁尚有九口。虽再从，而予家丁口少，已为最亲之一支。先君乃迎之同居。自此食指几增一倍，生活遂告拮据。故魏先生去后，未能延师，由予父自行教授。予母及姊，皆通文墨，亦相助为理。

此时予已能作文字，予父尝命予以所作，就正于石小泉先生，后又使从族兄少木先生游；先后凡三年。惟皆未坐塾，但以文字就正耳。薛以庄老先生者，念辛先生之伯父，而予父之师也，予父尝从之学九年；清末，主芜湖中江书院。予父又使予以所作文字，邮寄请正。生平就学之经过如此。

予自十岁以后，家境即不佳。少时尚无公私立学校，十五后稍有之，然时视外国文及技术，均不甚重；故生平未入学校。于外文，仅能和文汉读；于新科学，则仅数学、形学，尝问业于徐点撰、庄伯行两先生，略有所知而已。今亦强半遗忘矣。十五岁时，尝考入阳湖县学，名义上为旧式之县学生。然旧式学校，从无入学读书之事，实系科举之初阶而已。

至予之学术：则初能读书时，先父即授以《四库书目提要》。此为旧时讲究读书者常用之法，俾于问津之初，作一鸟瞰，略知全体学科之概况及其分类也。此书经史子三部，予皆读完，惟集部仅读其半耳。予年九岁时，先母即为讲《纲鉴正史约编》，日数叶。先母无暇时，先姊即代为讲解。故于史部之书，少时颇亲。至此，先父又授以《日知录》《廿二史札记》及《经世文编》，使之随意泛滥。虽仅泛滥而已，亦觉甚有兴味。至十六岁，始能认真读书。每读一书，皆自首讫尾。此时自读正续《通鉴》及《明纪》。先父授以汤蛰仙之《三通考辑要》。予以之与元本对读，觉所辑实不完具，乃舍之而读元本。此为予能自读书之始。

甲午战时，予始知读报，其后则甚好《时务报》。故予此时之所向往者，实为旧日所谓经济之学。于政务各门，皆知概略，但皆不深细；至于技术，尤必借他人之辅助；仅能指挥策划而已。此在今日崇尚技术之时言之，实为不切实用，但旧时以此种人为通才，视为可贵耳。予如欲治新学术，以此时之途辙言之，本应走入政治经济一路。但予兼读新旧之书，渐觉居今日而言政治，必须尊崇从科学而产生之新技术，读旧书用处甚少。初从水利工程悟入，后推诸军事，尤见为然；又予论政治利弊，好从发展上推求其所以然；亦且性好考证，故遂逐渐走入史学一路。

自二十三岁以后，即专意治史矣。予亦略知经小学，此由在十七岁时受教于丁桂征先生而然。先生为予母从姊之夫，于经小学极深沉。但前人虚心，无著述，略有读书札记，暮年客广东时，又毁于火耳。予从先生问业后，亦曾泛滥，略有所得。但至后来，仅成为予治古史之工具耳，不足专门名家，于思想亦无大关系。

予于文学，天分颇佳。生平并无师承，皆读书而自之。文初宗桐城，后颇思突破之，专学先秦两汉，所作亦能偶至其境。诗少好宋诗，中年后亦好唐诗，但无功力，下笔仍是宋人境界耳。词所造甚浅，亦宗常州而薄浙派。要之，予可谓古典主义文学之正统派。予于文学，未尝用功，然嗜好颇笃；于新文学最无嗜好。读新文学书，极少极少，因总觉其繁冗而乏味，故不终卷辄弃去也。予对一切学问之顽固而拒不接受，无如对新文学者。此于予亦为一种损失。然习惯已深，恐不易改矣。此本不必与通知旧文学有关，然予自行检点，此两者似有关系。以两物相形，厚于此，不得不薄于彼也。

…………

予之思想，凡经三大变：成童时，最信康梁之说。予生平不喜访知名之士，人有愿下交者，亦多谢绝之，以泛泛访问，无益于问学修为也。故于康梁两先生，皆不识面。然在思想上，受两先生之影响实最深，虽父师不逮也。此时所笃信而想望者，为大同之境及张三世之说。以为人莫不欲善，世界愈变必愈善；既愈变而愈善，则终必至于大同而后已。

至于大同世界，究系如何情状？当由何途以赴之？尔时年少，不知考虑也。

年十七，始识从母兄管达如君，管君为谢钟英先生之弟子。钟英先生者，利恒君之父，予识利恒君，亦在此时也。钟英先生亦治史学，以考证名，而实好谈旧日之经济。其言治道，信法家及纵横家之学。予自达如君获闻其说。惟予与达如，均不信纵横家，只服膺法家耳。法家之说，细别之，又可分法术两派，而予所服膺者，尤为术家。此时循中国旧说，以为凡事皆当借政治之力改良之，然政治上之弊病，则皆由于在执者之自利。故非有督责之术，一切政事，皆不能行；强行之，非徒无益，而又有害。盖此时年事稍长，能就社会情状，加以观察，故其见解如此也。

此时之见解，今加检讨，实有超阶级之思想；而异时信阶级及阶级斗争之说，亦未尝不于此伏其根源。何者？术家精义，在臣主异利四字。所谓臣者，非指一定之人，但指处一定地位之人耳。故先秦法家所谓朋党，与后世所谓朋党者，其义大异。后世所谓朋党者，皆因一时之利害，有意互相结合，先秦法家书中之朋党，则其人不必互相知，更不必有意相比，但所处之地位同，故其利害同，利害同，故其行动自然一致耳。此非今日所谓阶级之义乎？何以去此阶级？

在今日，则重被压迫阶级之自行斗争，在昔时，则望有一大公无私者，立于最高之地位而制裁之。此大公无私者，何以能大公无私乎？则曰天下自有此一种人耳，故曰有超阶级之思想也。

予因此信仰，故在政治上，流为开明专制主义，后虽闻欧美政治家言，此思想亦未曾变。以为在君主专制之国，改善政治，所希望者为贤明之君相，在立宪之国，则所希望者为有贤明之中坚阶级耳。予之以中国旧说与西方旧民主主义革命之说互相结合，其略如此。大同之希望及张三世之说，此时并未放弃，不过不暇作深远之思考，但以改善政治，为走向大同之第一步耳。此予第二期之思想也。

马列主义初入中国，予即略有接触，但未深究。年四十七，偶与在苏州之旧同学马精武君会晤，马君劝予读马列主义之书，尔乃读之稍多。于此主义，深为服膺。盖予夙抱大同之愿，然于其可致之道，及其致之之途，未有明确见解，至此乃如获指针也。予之将马列主义与予旧见解相结合融化，其重要之点如下：

（1）旧说皆以为智巧日开，则诈欺愈甚。智巧不开，无以战胜自然，诈欺日甚，亦将无法防治，此为旧日言大同终可致者根本上最难解决之问题。得今社会学家之说，乃知诈欺之甚，实由于社会组织之变坏，非由于智识之进步；而智识之进步，且于社会之改善，大有裨益；将根本之难题解决。

（2）超阶级之观点，希望有一个或一群贤明之人，其人不可必得；即得之，而以少数人统治多数人，两力相持，其所能改革者，亦终有一定之限度；此限度且甚小，只及于表面之一层；即其本意所求者，亦不过两阶级可以勉强相安，非真能彻底改革，求底于平；而即此区区，仍有人亡政息之惧。今知社会改进之关键，在于阶级斗争，则只要有此觉悟，善之力量，随时具足；且其改革可以彻底，世界乃真能走向大同。

（3）国家民族之危机，非全体动员，不能挽救，而阶级矛盾存在，即无从全体动员。

（4）目前非爱国爱民族不可，而旧时之见解，爱国爱民族，易与大同之义相龃龉。得马列主义，乃可以并行而不悖。

（5）求诸中国历史，则自王巨公以前，言政治者本重改革制度。尔时政治，所包甚广，改革政治，亦即改革社会也。自巨公失败后，言改革者，不敢作根本之图，乃皆欲从改良个人入手，玄学时代已然，承之以佛学而益甚。宋儒虽辟佛，于此见解，亦未改变。然历史事实证明此路实为绝路。故今日之社会主义，实使人类之行动，转变一新方向也。

…………

予于教学，夙反对今人所谓纯学术及为学术而学术等论调。何者？人能作实事者多，擅长理论者少。同一理论，从事实体验出者多，且较确实，从书本上得来者少，且易错误。历来理论之发明，皆先从事实上体验到，然后借书本以补经验之不足，增益佐证而完成之耳。故致力于书本，只是学术中一小部分。专以此为学术，于学术实未有知也。予之宗旨虽如此，然予之性质，实近于致力书本之人。故历来教学，亦只能教人读书。此观与我亲近之旧同学，皆系好读书之人可知。予虽教人读书，并不主脱离实际。且恒戒学者：学问在空间，不在纸上。须将经验与书本，汇合为一，知书本上之所言，即为今日目击之何等事。此点自问不致误人。然全然破除经生门面，只重知识，而于书本则视如得鱼之忘筌，则病未能也。高深之学理，以浅显之言出之，讲授时亦能之。但将所授之内容，减低程度，亦嫌不足。向持中道而立，能者从之之见。此点，实尚未适宜于大多数人也。

…………

少时读史，最爱《日知录》《廿二史札记》，稍长，亦服膺《十七史商榷》《癸巳类稿》，今自检点，于顾先生殊愧望尘，于余家差可肩随耳。今人之屑屑考证，非顾先生所不能为，乃顾先生所不欲为也。今人自诩搜辑精博，殊不知此等材料，古人既得之而后弃之者多矣，此意予亦老而后知。然后知少无名师，精力之浪费者多也。

今后之希望。道德贵于力行而已，不欲多言。学术上：（1）欲删定旧作。（2）夙有志于将道藏之书，全读一过，未能实行。今后如有此日力，仍欲为之。所谓道教者，包括从古已来杂多之宗教；自亦有哲学思想；与佛教又有犬牙相错处；与农民豪杰反抗政府之组织，及反动道门，皆有关系，而至今无人研究。使此一部分，成为中国学术上之黑暗区域；政治史、社会史、宗教史、哲学史，亦咸留一空白。予如研究，不敢望大有成就，必能透出一线曙光，开后人研究之途径也。不知此愿能偿否？马列主义，愧未深求。近与附中李永圻君谈及。李君云：学马列主义，当分三部分：（1）哲学，（2）经济，（3）社会主义。近人多侈谈其（3），而于（1）（2）根柢太浅。此言适中予病，当努力补修。

（此篇节录自《吕思勉遗文集》一书，
华东师范大学出版社，1997年版）

附录三：

吕思勉为学拾零

一 [1]

大凡一个读书的人，对于现社会，总是觉得不满足的，尤其是社会科学家。他必先对于现状，觉得不满，然后要求改革；要求改革，然后要想法子；要想法子，然后要研究学问。若其对于现状，本不知其为好为坏，因而没有改革的思想，又或明知其不好，而只想在现状之下，求个苟安，或者捞摸些好处，因而没有改革的志愿；那还做学问干什么？所以对于现状的不满，乃是治学问者，尤其是治社会科学者真正的动机。

真正的学者，乃是社会的、国家的，乃至全人类的宝物……我愿世之有志于学问者，勉为真正的学者。如何则可

---

[1] 部分文字摘自吕思勉不同时期出版的著作。——编者注

以为真正的学者，绝去名利之念而已……而名亦是一种利。所以简而言之，还只是一个利字……自利，从来未闻成为一种学问。志在自利，就是志于非学，志于非学，而欲成为学者，岂非种瓜而欲得豆，种豆而欲得瓜？

予虽教人读书，并不主脱离实际。且恒戒学者：学问在空间，不在纸上。须将经验与书本，汇合为一，知书本上之所言，即为今日目击之何等事。此点自问不致误人。

凡人之建树，有一分实力，则有一分成就，无可侥幸，此理至经历多后自明。但人恒苦闻道不早，以少年可以有为之时，弃之于务外为人之境，以致白首无成，此最可惜。

少年时，因没有名师指导，只记得曾国藩一句话，"读书如略地，但求其速，勿求其精"。光知道多读书，不加辨析，不讲方式，因而精力、时间浪费了很多，因未得门径，绕掉的圈儿也属不少。

学问之事，原不限于读书。向者士大夫埋头钻研，几谓天下之事，尽在书籍之中，其号称读书，而实不能读书者无论矣，即真能读书者，其学问亦大多在纸上，而不在空间。能为古人作忠臣，而不能为当世效实用，这是最要不得的。

若真知道历史，便知道世界上无一事不在变迁进化之中，虽有大力莫之能阻了。所以历史是维新的证佐，不是守旧的护符。

大化之迁流，转瞬而已非其故，世事岂有真相同者？见有相同，皆察之未精者耳。执古方以医今病，安往而不贻误？

常人、常事是风化，特殊的人所做的特殊的事是山崩。不知道风化，决不能知道山崩的所以然，如其知道了风化，则山崩只是当然的结果。

君子如欲化民成俗，其必由学乎？

讲学看似空虚无用，其实风气的转变，必以此为原因。风气是推动时代的巨轮。……这真是昔人所说的璇机。所谓"其机甚微，而所动者大"。

近世的改革事业，来源是很远的，蓄势是很久的。这种变动，不发则已，一发之后，就如悬崖转石——看得他似乎亦有顿挫，其实算不得什么——非达到目的不止。所以现在正是变动的时代，正是个变动了方在中途的时代。要讲什么保存国粹，什么变动得不可太快，都是白说掉的话——这个无关于是非，而且亦无所谓是非，只是大势如此。……今日斤斤然宝其旧条件，而欲以移易当世者，适见其为不知时务而已。

事实上，却固执变革为不可，尤其是社会的组织，不但固执为不可变，并有不知其为可变迁之物的。于是一切争执，从此而起。

所以我常说，能改造社会的，只有社会。这句话的意思，是说要改造社会，必须社会全体，至少大多数人有此愿望，能够了解。……我们如何能使人人有改革的志愿，了解改革的意义呢？这个便是教育。……使其影响扩大而及于全社会。

从政治制度上说，中国一切事情的停滞不进，和君主专制政体是很有关系的。

中国之文化，有一大转变，在乎两汉之间。自西汉以前，言治者多对社会政治，竭力攻击。东汉以后，此等议论，渐不复闻。汉、魏之间，玄学起，继以佛学，乃专求所以适合社会者，而不复思改革社会矣。

东汉以后，志士仁人，欲辅翼其世，跻世运于隆平，畀斯民以乐利者甚多，其用思不可谓不深，策划不可谓不密，终于不能行，行之亦无其效者，实由于此。故以社会演进之道言之，自东汉至今两千年，可谓误入歧途，亦可谓停滞不进也。

王安石的变法，旧史痛加诋毁，近来的史家，又有曲为辩护的，其实都未免有偏。王安石所行的政事，都是不错的。但行政有一要义，即所行之事，必须要达到目的，因此所引起的弊窦，必须减至极少。若弊窦在所不免，而目的仍不能达，就不免徒滋纷扰了。安石所行的政事，不能说他全无功效，然因此而引起的弊端极大，则亦不容为讳。

自来居高位者，恒不乐于更新。历史上的统治者和被统治者根本是对立的。政治上的统治者便是经济上的压迫者，总是要剥削被统治者以牟利的。历史上有些人专想靠统治者为被统治者谋幸福，真是缘木求鱼。

打开一部二十四史，看历代权臣贵戚，竞肆贪残，人民受其害者不知几凡。历朝王公大臣，或因变故佻窃荣贵，或赖高援翻飞拔萃。封建全盛之世，以贵致富，资本勃兴之时，以富潜贵，形成以权谋私的寄生阶级。秦汉时，兼并之家，挟权势以谋赢，贵势之家，亦有兼事贸迁，与民争利者，民又安能与之竞争者。晋南北朝时，王公大臣，外方镇，无上无下，无外无内，可谓无不以贩鬻求利为事者。而权势之家，握权势愈久，则其自私而保守之念愈甚，形成一股阻挠改革的恶势力，驯至举朝皆倖幸之士。有便其私图者，一人倡议于前，千百人附于后不旋踵而见诸施行，则皆入于此辈之手，是以苞苴盛而政事益坏。

社会进化的程序虽然大致相同，而其小节偏端，以至于现在所达到的地位则不能尽一。所以研究虽可借资于人，而硬拉了人家的问题，以为亦是我们的问题，甚至硬抄人家的方法，以为亦就是我们解决的方法，则必不免无病而呻，削足适履之病。……不明白自己社会的性质，则不知人我之异，而强欲以他人所有者，施之于我，遂到处见其扞格而难通。言之成理，行之则无不碰壁。

当国家社会遭遇大变局之时，即系人们当潜心于学术之际。因为变局来临，非由向来应付的错误，即因环境急变，旧法在昔日虽足资应付，在目前则不复足用，此际若粗心浮予虽教人读书，并不主脱离实际。且恒戒学者：学问在空间，不在纸上。须将经验与书本，汇合为一，知书本上之所言，即为今日目击之何等事。此点自问不致误人。气，冥行摘埴，往往足以招致大祸。……所以时局愈艰难，人们所研究的问题，反愈接近于根本。

岂有数万万的大族，数千年的大国、古国，反而没有前途之理？

读了历史，才会有革命思想。

我之文明能裨益于彼者（指西洋文化。——编者注）诚不少，彼裨益于我者亦孔多也。至于近世，互利作用更显著，盖西洋文化之所长，正是我之所缺，正是我民族文化的好养料，我们能好好地吸收他，消化他，一定会使我们的文化，更有崭新的进步。同理，我们的文化也一定能发扬其光辉，矫正他人，补益他人，这便是我民族对于世界的贡献。

物质文明的输入，自然要相当的时间。精神文明，是以物质文明为基础的，物质文明未兴，自然的和社会的环境都没有改变。人类的精神，自然不会绝迹飞行，凭空突变。如此，以中国之地大人众，腹地的区域和现代化文明接触的艰难，从西力东侵到现在，而有目前的状况，实在并不算迟。

应防止沾染异族腐化的事物。说异族有厚生之事，亦有纷华靡丽之事，苟能采人之所长，以补己之所缺，有益于民生，日臻于乐利，益进于文明；若徒效法纷华靡丽之事，惰于作业，贪于饮食，冒于货贿，惑而溺之，未受其利，反受其害。

二　②

　　余是年居苏州奉母，每隔一两月必去沪。去沪必谒诚之师。师寓不甚宽，一厅容三桌。师一子，弱冠夭折，最为师伤心事。一女毕业光华大学，时方习绘事。近窗右侧一长方桌，师凭以写作。左侧一长方桌较小，师妹凭之临古画。一方桌居中央，刀砧碗碟，师母凭之整理菜肴。余至，坐师桌旁，或移两椅至窗外方廊中坐。或留膳，必长谈半日或竟日，历三四日始归。诚之师必留每日报纸，为余寓苏不易见者，一大束，或用朱笔标出其要点。见面即语余别后大事变经过之要略。由余返旅馆，再读其所留之报纸。一年中，如是相晤，可得六七次。

……………

　　余又屡去其沪上的寓所。抗战时开明书店曾邀余作国史长编，余介绍之于诚之师，得其允诺，已有分编成书。乃诚之师案上空无一物，四壁亦不见书本，书本尽藏于其室内上层四围所架之长木板上，因室小无可容也。及师偶翻书桌之抽屉，乃知一书桌两边八个抽屉尽藏卡片。遇师动笔，其材

_____

② 这部分文字摘自吕思勉弟子等人的回忆文章。——编者注

料皆取之卡片，其精勤如此。所惜者，其长编亦写至唐代而止，为师最后绝笔。

——钱穆《回忆吕诚之老师》

我想象他一定是一位朴质恬淡、循规蹈矩，不扬露才学，不争取名位的忠厚长者。无才子气，无道学气，也无领导社会的使命感，而是一位人生修养极深，冷静、客观、勤力、谨慎、有责任感的科学工作者。其治史，有理想、有计划，又有高度的耐性，锲而不舍地依照计划，不怕辛苦，不嫌刻板地坚持工作，才能有这些成就。

——严耕望《通贯的断代史家——吕思勉》

吕先生毕生从事教育事业，在教学上也有许多改革。最重要的是提倡自习主义，启发学生自学，反对照本宣读，生灌硬塞。他在沈阳高师的做法是："预科国文五小时，第一至第三星期以两小时讲范文，令学生自看，问乃答之，不能问，然后告之。第四星期以两小时命题作文。其余三小时，悉听学生自行研究，欲读何书，即读何书，如有意思自欲发表，即于此时间内写论文劄记等。三小时之自由读书，教员不加干涉，听其愿读何书，即读何书。"一九四〇年在无锡国专（沪校）讲学时，也采用先由学生提出若干要求讲授的问题，由他选择其中一二个讲授，解答学生学习过程中迫切需要和重点疑难，使学生深入理解。先生考试方法也不同一般。每次考试常出几道题，由学生选择一二题作答。有时虽出四题，但即使仅答一题，若分析论述好即得高分。命题不强调背诵记忆事实年月，而重视内容的理解。

——俞振基《热情讴歌祖国进化的史学家——吕思勉》

在讲授上，吕先生也有其独特的风格。他当时已是五十八岁的老先生，但课堂里从不设坐椅，老是站着先在黑板上写一段，然后从容不迫地边踱方步边讲说。他没有叫我们买教科书，也没有专门印发讲义，但把吕先生每次写在黑板上的抄下来就是一部好讲义。而且文字不长，要言不烦，抄起来也不吃力。他讲说也同样言词清晰，语气和平，而内容处处引人入胜，笔记起来也很省力。所以我感到听吕先生的课简直是一种学问上的享受。附带说一下，吕先生在黑板上写的是文言文，这种文言文既不像章太炎那么古奥艰深，又不像梁任公那么多水分，而是简雅洁净，这对有志文史之学的青年人学习文言文也是一个很好的典范。

············

我当吕先生的学生时，吕先生正在写《两晋南北朝史》，住在离中学不远的一家居民楼上，单身一间房，很清静。我课余去看他，看到他写作的实况：桌上是几堆线装《二十四史》中的《宋书》《南齐书》《南史》之类，吕先生一边逐卷看，一边摘抄用得着的史料。吕先生是书法家，写字的结构有点像颜书《多宝塔（碑）》，但比《多宝塔（碑）》更刚劲挺拔。摘抄的史料一笔不苟地写在自印方格稿纸上，既清晰又好看，体现出前辈学者谨严的治学风度。摘抄的史料分好类，加以排比，连贯成文。这正式的文稿我也看到，字的清晰不必再说，连文句都极少改动，最后就付印出书。以《两晋南北朝史》而言，全文一百多万字，连抄史料恐怕至少手写了二百万字以上，还不算过去读书和行文思考的功夫。我想，一个人能以毕生之力写出百万字的巨著，也就不容易了，而吕先生除《两晋南北朝史》外还前有《先秦》《秦汉》，后有《隋唐五代》，还有其他十多种著作。古人说"著作等身"，如果把吕先生的全部著作像古人那样统统刻成木板书，堆起来恐怕几个"等身"还不止吧！

　　……对史学稍有修养的人都知道，写单篇论文容易见精彩，写通史、断代史则很难写好，这是因为论文总挑自己有研究的东西来写，没研究过的可以回避不写，而通史、断代史必须面面俱到，不管有没有研究都得写，遇到没研究过的就只好敷衍剿袭，自然精彩不起来。吕先生这几部书则不然，几乎每个问题每一小点都下过功夫钻研，所以写出来的可说有百分之九十五以上是自己的东西。如果把这几部书拆散改写成单篇论文，恐怕要数以千计。谁能一生写出这么多的论文呢？单就这点就足见吕先生之不易企及了。

吕先生所用的《二十四史》也值得谈几句。倒不是版本好，版本实在太普通，是当时比较价廉易得的图书集成局扁铅字有光纸印线装小本。但打开来一看，实在使我吃了一惊，原来全部从头到尾都动过笔。过去学者动笔点校书虽是常事，能点校整部《二十四史》的便不多，即使有，也无非是用朱笔断句，或对好的文句加圈点。可吕先生这部《二十四史》不一样，是用红笔加了各种符号，人名加[ ]，有用的重要史料圈句，名物制度在旁加△，不仅纪、传如此加，志也加，很少人读的天文志、律历志也加，连卷后所附殿本考证也加。后来我读《二十四史》里的《三国志》，借了吕先生的校本想过录一部，可是由于怕下苦功，过了两个月还是一笔未下，把原书还给了吕先生。吕先生的断代式中国通史所以写得如此快，几年就是一大部，其主要原因之一应该是他对《二十四史》下了如此扎实的基本功。吕先生究竟对《二十四史》通读过几遍！有人说三遍，我又听人说是七遍，当年不便当面问吕先生，不知翼仁同志是否清楚。但我曾试算过一笔账：写断代史时看一遍，之前朱笔校读算一遍，而能如此作校读事先只看一遍恐怕还不可能，则至少应有四遍或四遍以上。这种硬功夫即使毕生致力读古籍的乾嘉学者中恐怕也是少见的。

　　说到这里，可以顺便讲讲吕先生的藏书。书都藏在常州十子街吕先生的私宅里，是祖上留下的几进老式平房，书放满一两间，满满几十只书箱。……箱里的书不仅有线装书，还有大量的平装新书，是商务、中华等的出版物，除历史外，政治、经济、哲学各个领域的新书无不应有尽有。我曾向吕先生借过几本冯承钧所译的史地考证小册子，发现每一本吕先生都看过，而且对他认为有用的史料或好的见解像《二十四史》一样用红笔圈句。线装书，没有什么旧刻旧抄、善本秘笈，而只是通行常用的刻本或石印、排印本，但都认真看过，不像有许多人的藏书只是随便翻翻，甚至买回来往书架上一放永远不翻看。至于善本书，吕先生也有他的看法。我当时曾问过他商务的百衲本《二十四史》好不好（都是影印宋、元、明旧本善本），吕先生说：有的也不见得好，有个朋友曾用宋本《晋书》和殿本对过，发现宋本反而比殿本错得厉害。但吕先生又说：张菊生 (元济) 先生把百衲本中长于殿本的重要异文写成一部《校史随笔》，很可以看。可见吕先生并没有否认旧本的长处，只是不以为"凡宋刻必好"，没有某些藏书家"佞宋"之癖。……吕先生尽管博学，但从不想当然，不知道就是不知道。我当时读黄仲则的《两当轩诗》，有一首咏归燕的七古，典故很多，有几处不知道出处本事，问吕先生，吕先生解释了几处，但对"神女钗归锦盒空"一句也不清楚，就很和平地对我说："这是什么典故我也想不起了。"这种平易朴实的态度使我很感动。……

吕先生对不同学派的人是很尊重的，只要人家确有真才实学。如顾颉刚先生编著的《古史辨》，很明显和吕先生是不同的学派，但顾先生的高足童丕绳 (书业) 先生抗战初到上海，认识了吕先生，马上被吕先生请到光华大学历史系任教。童先生当时继续顾先生的工作编集《古史辨》第七册，又得到吕先生很大帮助，不仅帮童先生看文章、看校样，还允童先生之请把自己的古史论文编进去，答应和童先生共同署名作为第七册的编著者。我过去也久知《古史辨》之名，但总认为是史学的旁门左道，从不一看其书。这时问起吕先生，才知道吕先生和童先生合编第七册之事，从而对《古史辨》重视起来，托友人从上海买了寄来细读。……使我由此在先秦古史上打了点基础，并且懂得如何用《古史辨》的考订方法去研究后代的历史。这些事溯其源，还应该归功于吕先生的不党同伐异啊！

听童先生说顾先生写信给吕先生都自称后学，但他们和吕先生毕竟只是朋友，没有师生关系，而吕先生即使对自己真正的学生也是虚怀若谷。现在魏晋南北朝隋唐史的权威唐长孺先生当年曾听过吕先生的课，是吕先生的学生，一九四八年在《武汉大学社会科学季刊》上发表了一篇题为《唐代军事制度之演变》的论文，寄给吕先生，吕先生认为讲得好，在撰写《隋唐五代史》的兵制部分时就把这篇论文的要点全部引用进去，并且说明是"近人唐君长孺"的看法，说："府兵之废，……近人唐君长孺言之最审。"老师对学生的学术成就如此推重，真值得我们今天身为老师者学习。

…………

吕先生的修养也真好，从未见他有过疾言厉色的时候。有一次我到十子街老宅去看他，他留我便饭，他家的猫爬上桌子，把他筷头上的菜打下来就吃，他也不生气，更未叱责，笑笑就算了。对猫如此，对人可知。学问如此大了，当年的老朋友（学问成就远不如吕先生甚至并无学问的）还是老朋友，那天一起吃饭就有他的几位同乡老友，大家谈笑风生，在他身上丝毫看不到有所谓教授学者的气派。当然，吕先生待人也不是无原则的，他也讲到坏人，但只是心平气和地说某人如何不成话，说过就算，从不骂。

——黄永年《回忆我的老师吕诚之先生》

诚之老师读书，读到对自己日后著作有用之处，率用红笔，以小三角、小圆圈等符号标出，并在是页隔张小纸条，以备日后查找。他老人家说：圈点要匀，小圆圈又必须略扁。读期刊和报纸，如发现有价值的材料，诚之老师就剪下来，并注明出处和年月日。剪的内容多了，按专题分别门类，一札一札，用牛皮筋或细麻线捆起来，用废报纸包起来，最后在每包材料外面写明专题的名称。诚之老师读报刊尚如此认真，读典籍，整理史料，就更不必说了。

平时勤于搜集，广采博取，日积月累，在此基础上写成札记，写出论著。诚之老师的读书治学的精神和方法，实在令人敬佩，值得效法。

诚之老师自奉很俭朴，待人很厚道。平时饭菜衣着并不讲究，每逢周末，晚饭前有时喝一点热黄酒，几颗花生米，或两块豆腐干，就是佐酒之物；甚至一面呷酒，一面读帖，边用手指在桌面上临摹书法，兴之所至，间亦哼两句昆曲。星期天上午，约几个好友、至交，以及学生，在校外茶室相叙，谈论学问。请医生看病，即便是上校医的诊所，诚之老师也习惯于自己付诊金，医生老是道谢说："吕先生，你太客气了！"但每张包裹物品的清洁废纸，每根捆扎物品的柔软细绳，诚之老师都舍不得随便扔掉，而是把废纸摊平后卷起来，将细绳理顺后绕起来，放进写字台一侧最下面的抽屉里，一旦需要，或别人来访离开时手中拿着物品，往往说："给你一张纸包一包！"或者说："给你一根绳扎一扎！"于是打开抽屉，取出纸和绳，并叮嘱说："这样可以稳妥些！"

——王玉祥《怀念吕诚之老师》

吕先生的讲课，条理清晰，要言不烦，句句有分量，引证充分，见解精辟，且联系时局，多语重心长之言。惟语调较慢较低，浮躁者或以为生动性不够，沉潜者会觉得深刻性很高，所以学生都是很注意听讲和笔记的。吕先生是位老先生，毛笔字写得很好，他课堂上板书可是左起横行的。他的板书写得很整齐秀美，有肥瘦的锋捺，和他的毛笔字一样，且又写得快，不用心讲究而自然浑成，可见其书法功力之深。先生为了怕学生听不清他的口音和笔记遗漏，又常把讲课要点写在黑板上，不费思索，而随手写去，成文简雅，不枝不蔓，文白相兼，又可见其文章的功力之深。我读吕先生的著作，每感不但他的史学的渊博为不可及，而且他的文章（特别是文言文）的明畅醇厚相兼之美也不可及。看吕先生史学讲座的板书要点，也有此感。

——陈祥耀《吕诚之先生在无锡国专（沪校）讲课简记》

过去读书一定要背书，学生念书十分辛苦，很多人心理上惧怕读书。吕思勉总结了一种"熟读法"，在教儿女们读书时使用，效果很好。他的女儿吕翼仁教授在回忆早年父亲教她读书的事情时说："每天教的新课他要我们读五十遍，再将昨天教的课文读三十遍，前天教的读二十遍。这样一来，每天都读一百遍书，而且每天教的课文，也都能读到一百遍，只是分三天读罢了。事实上，几十行课文，读到一百遍，决没舍背不出来的，而且分三次计，就更便于记忆而不会遗忘。""父亲还特地给我们作了书签，每张书签上写两句五言诗夹在书里，每读一遍，就抽出一个字，读满十遍，就把另一张十位数的书签抽出一个字。这样读书实在一点也不苦。"

——郝彤、张耕华《吕思勉：每读书，都用红笔做过圈点》

先生的治学态度是极其认真严肃的。先生曾教导我们，在读书之初，先将《四库全书提要》阅读一过，于学术全体作一鸟瞰，它固然不足以尽今日的旧学，但对旧学的大概，究能得十之八九，是不为无益的。但先生却反对读书只读序言、摘要、节本。说："有用无用，因各人的见解而不同；学问上的发明，正从人所不经意之处悟入——读书所以忌读节本——况且看似无用，其中仍包含有用的材料。或易一方面言之，即为有用。"先生又教诲我们读经史要细读注疏，不能跳过不看。不过他也认为有许多好的选本，有良好的圈点，肯用心研究也是有益的。又如，先生在写作时引用即使是亲手抄录的史料，也必再加一番覆核功夫。

——方德修《深切的怀念，难忘的教诲》

学文，于古当求之数种最精之书，于后世当求之大家，以大家文之特色最著也。其余学大家之文，即能明畅，亦仅足供泛览而已，不足深求。故选本精读之文，当限于诸大家，若今世读本之随手拾取，不名一家，仅可当文学史读，不能供精读也。

——李永圻《吕思勉先生编年事辑》